5년 최다 **전체수석** 합격자 배출

박문각 행정사

브랜드만족 **1위** 박문각

2024

임병주 행정사실무법

실전단문 / 목차잡기

핵심요약집 | 2차

박문각 행정사연구소 편_임병주

박문각 행정사
임병주 행정사실무법
실전단문 / 목차잡기
핵심요약집 | 2차

PREFACE

머리말

교재의 특징

1. 행정사실무법에 대한 출제 가능한 주제를 엄선

「행정심판법」, 「비송사건절차법」, 「행정사법」의 출제 가능한 영역을 주제별로 엄선하였습니다. 사례형 또는 서술형(단문)에 대비하여 엄선하였습니다.

2. 목차를 별도로 도표화

목차부분을 별도로 도표화하여 주제별 핵심내용에 대한 목차를 정리하기 편하도록 편집하였습니다.

3. 실제 시험장에서 사용 가능하도록 지문을 간결하게 정리

기본서와 달리 목차에 대한 서술용으로 지문을 간결하게 수록하였습니다. 기본서의 내용을 숙지한 후 이를 압축하는 데 도움이 될 것입니다.

나가면서

요약집은 기본서의 내용을 압축하여 실전에서 사용할 수 있도록 간략화한 것입니다. 이후 주관식 대비 사례/단문집을 통해서 정리된 목차와 핵심내용을 문제에 어떻게 적용할 것인가를 고민해야 합니다.

주관식 시험은 미리 정리된 내용을 잘 표현한다면 합격에 충분한 점수를 받을 수 있습니다. 주제별로 핵심내용이 무엇인지 연상이 될 수 있도록 생각하면서 읽고 정리하고 써보시기 바랍니다.

편저자 임병주

행정사 2차 시험 정보

1. 시험 일정: 매년 1회 실시

원서 접수	시험 일정	합격자 발표
2024년 7월 29일~8월 2일	2024년 10월 5일	2024년 12월 4일

2. 시험 과목 및 시간

▶ 2차 시험

교시	입실	시험 시간	시험 과목	문항 수	시험 방법
1교시	09:00	09:30~11:10 (100분)	[공통] ① 민법(계약) ② 행정절차론(행정절차법 포함)	과목당 4문항 (논술 1, 약술 3) ※ 논술 40점, 약술 20점	논술형 및 약술형 혼합
2교시	11:30	• 일반/기술 행정사 11:40~13:20 (100분) • 외국어번역 행정사 11:40~12:30 (50분)	[공통] ③ 사무관리론 (민원처리에 관한 법률 및 행정효율과 협업 촉진에 관한 규정 포함) [일반행정사] ④ 행정사실무법(행정심판사례, 비송사건절차법) [기술행정사] ④ 해사실무법(선박안전법, 해운법, 해사안전법, 해양사고의 조사 및 심판에 관한 법률) [외국어번역행정사] 해당 외국어(외국어능력시험으로 대체 가능한 영어, 중국어, 일본어, 프랑스어, 독일어, 스페인어, 러시아어 등 7개 언어에 한함)		

외국어능력검정시험 성적표 제출

2차 시험 원서 접수 마감일 전 2년 이내에 실시된 것으로 기준 점수 이상이어야 함

● 영어

시험명	TOEIC	TEPS	TOEFL	G-TELP	FLEX	IELTS
기준 점수	쓰기시험 150점 이상	쓰기시험 71점 이상	쓰기시험 25점 이상	GWT 작문시험에서 3급 이상(1, 2, 3등급)	쓰기시험 200점 이상	쓰기시험 6.5점 이상

● 일본어, 중국어, 스페인어, 프랑스어, 독일어, 러시아어

시험명	FLEX (공통)	신HSK (중국어)	DELE (스페인어)	DELF/DALF (프랑스어)	괴테어학 (독일어)	TORFL (러시아어)
기준 점수	쓰기 시험 200점 이상	6급 또는 5급 쓰기 60점 이상	C1 또는 B2 작문 15점 이상	C2 독해/작문 25점 이상 및 C1 또는 B2 작문 12.5점 이상	C2 또는 B2 쓰기 60점 이상 및 C1 쓰기 15점 이상	1~4단계 쓰기 66% 이상

시험의 면제

1. 면제 대상: 공무원으로 재직한 사람과 외국어 번역 업무에 종사한 경력이 있는 사람 등은 행정사 자격시험의 전부 또는 일부가 면제된다(제2차 시험 일부 과목 면제).

2. 2차 시험 면제 과목

일반/기술행정사	행정절차론, 사무관리론
외국어번역행정사	민법(계약), 해당 외국어

합격자 결정 방법

1. 합격기준: 1차 시험 및 2차 시험 합격자는 과목당 100점을 만점으로 하여 모든 과목의 점수가 40점 이상이고, 전 과목의 평균 점수가 60점 이상인 사람으로 한다(단, 2차 시험에서 외국어시험을 외국어능력검정시험으로 대체하는 경우에는 해당 외국어시험은 제외).

2. 최소합격인원: 2차 시험 합격자가 최소선발인원보다 적은 경우에는 최소선발인원이 될 때까지 모든 과목의 점수가 40점 이상인 사람 중에서 전 과목 평균점수가 높은 순으로 합격자를 추가로 결정한다. 이 경우 동점자가 있어 최소선발인원을 초과하는 경우에는 그 동점자 모두를 합격자로 한다.

출제경향 분석

이번 제11회 행정사실무법 문제는 법령별로 주요부분에 대해 이미 기출되었던 문제가 변형되어 출제되었다. 행정사 자격시험이 11회 차가 되면서 기본적이고 주요한 부분이 많이 출제되었기 때문에 앞으로도 이러한 반복출제가 예상된다.

[문제 1]은 사례형 문제로 행정심판법 문제는 거부처분에 대한 집행정지 가능성 여부, 거부처분에 대한 취소재결의 기속력으로서 재처분의무와 이를 이행하지 않을 때 행정심판법상 구제방안에 관한 문제였다. 간접강제를 잘 서술하면 기본점수를 확보하고, 직접처분은 인정되지 않는다는 점을 부각했다면 고득점을 할 수 있는 문제다.

[문제 2]는 행정사법상 자격취소와 업무정지에 관한 서술문제로 자격취소는 제2회, 업무정지는 제1회에 이미 기출되었던 문제이다. 자격취소와 업무정지의 사유, 업무정지의 경우 제재처분의 승계를 서술하면 되고, 자격취소는 기속행위이고 업무정지는 선택재량이 인정된다는 것을 서술했다면 고득점을 할 수 있다.

[문제 3]은 토지관할과 이송에 관한 것으로 토지관할은 일반규정이 없고 비송사건절차법에는 개별적 관할을 규정한 다음 총칙편에 특칙을 규정하고 있다는 것을 강조하면 된다. 이송의 경우 우선관할의 개념을 서술하고 이송의 두 가지 형태와 이송의 효력이 중요하다. 이 문제도 제3회 때 15점 배점으로 출제가 되었던 문제였다.

[문제 4]는 재판에 대한 항고의 종류와 효과에 관한 문제이다. 항고종류 4가지를 서술하고 효과에서 확정차단과 관련 통상항고와 즉시항고의 차이점, 항고로 인한 재판의 집행정지 인정 여부를 원칙과 예외로 나누어 서술하면 된다. 항고의 종류는 제3회에 이미 출제가 되었던 문제이고, 항고제기의 효과는 제8회에 출제가 되었던 문제이다.

올해 문제는 중요부분에서 기본적인 것을 묻는 문제로 출제가 되었고, 이후에도 이러한 경향은 계속될 것으로 보인다. 이에 맞춰 학습계획을 수립해야 된다. 기본이 강하면 어떤 문제도 자신있게 서술할 수 있고 일정한 점수를 확보할 수 있다.

행정사
임병주 행정사실무법

구분	행정심판법	행정사법	비송사건절차법
제1회	처분절차의 하자와 사정재결(40점)		1. 비송사건의 심리방법 (20점) 2. 재판상의 대위 (20점)
제2회	신뢰보호원칙 위반에 대한 인용재결 여부 (40점)	업무정지사유와 업무정지처분효과의 승계 (20점)	1. 비송사건절차의 종료 사유 (20점) 2. 과태료 재판에 대한 불복방법 (20점)
제3회	정보공개거부의 위법성과 인용재결 여부 (40점)	'장부 검사'와 '자격취소' (20점)	1. 항고의 의의 및 종류 (20점) 2. '토지관할'과 '우선관할 및 이송' (15점) 3. 관할법원의 지정 (5점)
제4회	가구제로서 임시처분(40점)	과태료 부과대상자의 유형 및 내용 (20점)	1. 재판의 방식과 고지 (20점) 2. 비송사건의 대리(사례) (20점)
제5회	1. 심판청구요건 중 대상적격, 청구인적격, 심판청구기간 (30점) 2. 처분사유 추가변경 (10점)	업무신고와 그 수리 거부 (20점)	1. 과태료 재판에 대한 즉시항고 (20점) 2. 재판의 취소·변경 (20점)
제6회	1. 거부처분 취소재결에 대한 기속력 (20점) 2. 거부처분의 성립요건 (20점)	금지행위와 벌칙 (20점)	1. 재판에 형성력, 형식적 확정력, 기판력, 집행력 (20점) 2. '절차비용의 부담자'와 '비용에 관한 재판' (20점)
제7회	1. 행정심판위원회 관할, 심판 참가인 (20점) 2. 인용재결에 대한 재처분의무, 그 이행확보수단(20점)	행정사의 업무와 관련된 의무와 책임 (20점)	1. 비송사건절차의 특징 20점) 2. 증거조사 (20점)
제8회	1. 고지의무와 심판청구기간 (20점) 2. 취소심판 인용재결의 종류 (20점)	업무신고의 기준과 행정사업무신고확인증 (20점)	1. 항고기간과 항고제기의 효과 (20점) 2. 대리인의 자격 및 대리가 허용되지 않는 경우 (10점) 3. 대리권의 증명 및 대리행위의 효력 (10점)
제9회	1. 이의신청과 행정심판의 구별 (20점) 2. 이의신청에서 처분사유의 추가·변경 (20점)	행정사법인의 설립과 설립인가의 취소 (20점)	1. 절차의 개시 유형 (20점) 2. 비송사건과 민사소송사건의 구별 기준 및 차이점 (20점)
제10회	1. 집행정지 (20점) 2. 재결의 기속력 (20점)	행정사법인이 업무신고 및 그 수리의 거부와 행정사법인의 업무수행방법 (20점)	1. 기일 (20점) 2. 재량이송과 이송재판의 효력 (20점)
제11회	1. 집행정지 (20점) 2. 재결의 기속력과 간접강제 (20점)	행정사 자격취소와 업무정지 (20점)	1. 토지관할과 이송 (20점) 2. 항고의 종류와 효과 (20점)

차 례

Part 01 행정심판

- 목차키워드 01 이의신청과 행정심판 · 12
- 목차키워드 02 '행정심판으로서 이의신청'과 '행정심판이 아닌 이의신청' · 14
- 목차키워드 03 「행정기본법」상 처분의 재심사 · 17
- 목차키워드 04 취소심판 개요 · 19
- 목차키워드 05 무효등확인심판 개요 · 25
- 목차키워드 06 의무이행심판 개요 · 31
- 목차키워드 07 행정심판위원회 · 37
- 목차키워드 08 행정심판위원의 제척·기피·회피 · 42
- 목차키워드 09 행정심판의 대상 · 45
- 목차키워드 10 처분법규의 심판대상 · 48
- 목차키워드 11 거부처분의 성립요건 · 50
- 목차키워드 12 부작위의 성립요건 · 52
- 목차키워드 13 행정심판의 청구인 · 54
- 목차키워드 14 행정심판의 피청구인 · 57
- 목차키워드 15 행정심판의 대리인 · 59
- 목차키워드 16 행정심판의 참가인 · 61
- 목차키워드 17 행정심판의 청구기간 · 63
- 목차키워드 18 심판청구서의 제출 · 66
- 목차키워드 19 청구의 변경 · 69
- 목차키워드 20 집행정지 · 71
- 목차키워드 21 거부처분에 대한 집행정지 · 74
- 목차키워드 22 임시처분 · 76
- 목차키워드 23 직권심리주의 · 79
- 목차키워드 24 처분사유의 추가·변경 · 81
- 목차키워드 25 「행정심판법」상 조정 · 83
- 목차키워드 26 「행정심판법」상 재결절차 · 85
- 목차키워드 27 재결의 종류 · 87
- 목차키워드 28 재결의 기준시 · 90
- 목차키워드 29 재결의 기속력 일반 · 92
- 목차키워드 30 거부처분의 인용재결의 기속력 · 94
- 목차키워드 31 직접처분과 간접강제 · 96
- 목차키워드 32 고지 · 98

Part 02 비송사건절차법

- 목차키워드 01 비송사건과 소송사건의 구별 · 104
- 목차키워드 02 비송사건과 민사소송의 차이 · 106
- 목차키워드 03 비송사건의 특질 · 109
- 목차키워드 04 토지관할 · 112
- 목차키워드 05 우선관할과 이송(재량이송) · 114
- 목차키워드 06 관할의 지정 · 116
- 목차키워드 07 비송사건의 대리인 · 117
- 목차키워드 08 비송사건의 절차개시 · 120
- 목차키워드 09 기일 · 123
- 목차키워드 10 기간 · 126
- 목차키워드 11 「비송사건절차법」상 고지 · 128
- 목차키워드 12 비송사건의 심리 · 130
- 목차키워드 13 절차의 종료 · 133
- 목차키워드 14 비용부담의 원칙 · 136
- 목차키워드 15 비용에 관한 재판 · 138
- 목차키워드 16 재판의 효력발생 · 141
- 목차키워드 17 재판의 효력 · 143
- 목차키워드 18 재판의 취소·변경 · 145
- 목차키워드 19 항고의 종류 · 148
- 목차키워드 20 항고의 제기의 효과 · 150
- 목차키워드 21 항고의 심리절차 · 152
- 목차키워드 22 항고법원의 재판 · 154
- 목차키워드 23 항고절차의 종료 · 156
- 목차키워드 24 채권자대위 사건 · 158
- 목차키워드 25 과태료재판 · 161

Part 03 행정사법

- 목차키워드 01 행정사 업무신고와 수리 거부 · 166
- 목차키워드 02 폐업신고와 휴업신고 · 169
- 목차키워드 03 행정사업무신고확인증 · 172
- 목차키워드 04 행정사 사무소 · 174
- 목차키워드 05 행정사의 업무상 의무 · 177
- 목차키워드 06 행정사(행정사법인)의 금지행위 · 181
- 목차키워드 07 행정사법인의 설립과 설립절차 · 184
- 목차키워드 08 행정사법인의 업무신고 · 186
- 목차키워드 09 법인업무신고확인증 · 189
- 목차키워드 10 행정사법인의 사무소 · 191
- 목차키워드 11 행정사법인의 소속행정사 · 194
- 목차키워드 12 행정사법인의 업무수행 방법 · 196
- 목차키워드 13 법인설립인가의 취소 · 197
- 목차키워드 14 행정사법인의 경업금지 · 198
- 목차키워드 15 행정사법인의 손해배상책임 보장 · 200
- 목차키워드 16 행정사자격의 취소와 감독상 명령 · 201
- 목차키워드 17 업무정지사유와 업무정지처분의 효과승계 · 203
- 목차키워드 18 「행정사법」상 과태료 · 205
- 목차키워드 19 「행정사법」상 벌칙 · 206

행정사
임병주 행정사실무법

PART
01

행정심판

01 이의신청과 행정심판

목차연결

I. 서설
 1. 행정불복
 2. 이의신청
II. 이의신청의 대상과 상대방
 1. 이의신청자
 2. 이의신청의 상대방
 3. 이의신청의 대상
III. 기간
 1. 제기기간
 2. 이의신청에 대한 처리기간
IV. 다른 불복방법과 관계
 1. 임의적 전치
 2. 행정심판 또는 행정소송과의 관계

I 서설

1. 행정불복

행정결정에 대해 불복심사기관이 행정기관인 불복

2. 이의신청

행정청의 행정결정에 대한 불복 중 행정심판이 아닌 불복방법

II 이의신청의 대상과 상대방

1. 이의신청자

처분의 당사자(처분의 직접 상대방), 제3자인 이해관계인(×)

2. 이의신청의 상대방

처분을 한 해당 행정청

3. 이의신청의 대상

행정심판의 대상되는 처분, 부작위는 대상(×)

Ⅲ 기간

1. 제기기간

처분을 받은 날부터 30일 이내

2. 이의신청에 대한 처리기간

신청을 받은 날부터 14일 이내, 부득이한 경우 10일의 범위에서 한 차례 연장 가능

Ⅳ 다른 불복방법과 관계

1. 임의적 전치

이의신청은 임의적 절차

2. 행정심판 또는 행정소송과의 관계

이의신청과 관계없이 행정심판 또는 행정소송 제기 가능

목차키워드 02 '행정심판으로서 이의신청'과 '행정심판이 아닌 이의신청'

목차연결

Ⅰ. 서설
Ⅱ. 구별실익
 1. 행정심판 제기 여부
  (1) 행정심판인 이의신청
  (2) 행정심판이 아닌 이의신청
 2. 이의신청에 대한 결정의 성질
  (1) 행정심판인 이의신청
  (2) 행정심판이 아닌 이의신청
   1) 원처분을 취소·변경하는 결정
   2) 원처분을 유지하는 기각결정
 3. 불가변력
 4. 처분사유의 추가·변경
  (1) 행정심판인 이의신청
  (2) 행정심판이 아닌 이의신청
 5. 판단의 기준시
  (1) 행정심판인 이의신청
  (2) 행정심판이 아닌 이의신청
Ⅲ. 구별기준 2021년 제9회 기출
 1. 학설
  (1) 심판기관기준설
  (2) 불복절차기준설
 2. 판례
 3. 소결

Ⅰ 서설

개별법상 이의신청이 행정심판인 경우가 있고 행정심판이 아닌 경우가 있다.

Ⅱ 구별실익

1. 행정심판 제기 여부

(1) 행정심판인 이의신청

이의신청을 거친 경우 원칙적 행정심판 제기 불가

(2) 행정심판이 아닌 이의신청

이의신청을 거친 후에도 행정심판 제기 가능

2. 이의신청에 대한 결정의 성질

(1) 행정심판인 이의신청

이의신청에 대한 결정은 행정심판 재결에 해당

(2) 행정심판이 아닌 이의신청

1) 원처분을 취소·변경하는 결정
   새로운 최종적 처분으로서 이의신청의 대상이 된 처분을 취소 또는 변경하는 처분
2) 원처분을 유지하는 기각결정
   ① 원칙적 단순한 사실행위로서 행정심판의 대상되는 처분(×)
   ② 새로운 신청에 따른 것이거나 별도의 의사결정 과정과 절차를 거쳐 이루어진 독립된 행정처분의 성격을 갖는 경우 행정심판의 대상되는 처분(○)

3. 불가변력

양자 모두 이의신청에 대한 결정은 불가변력 발생

4. 처분사유의 추가·변경

(1) 행정심판인 이의신청

기본적 사실관계의 동일성이 인정되는 경우 처분사유의 추가·변경 인정

(2) 행정심판이 아닌 이의신청

기본적 사실관계의 동일성이 없는 경우에도 처분사유의 추가·변경 인정

5. 판단의 기준시

(1) 행정심판인 이의신청
처분시의 법령 및 사실상태를 기준으로 처분의 위법 또는 부당을 판단

(2) 행정심판이 아닌 이의신청
이의신청에 대한 결정 시의 법령 및 사실상태를 기준으로 인용 여부 결정

Ⅲ 구별기준 2021년 제9회 기출

1. 학설

(1) 심판기관기준설
처분청 자체에 제기하는 이의신청은 행정심판이 아닌 이의신청, 처분청의 직근상급행정청이나 행정심판위원회에 제기하는 이의신청은 행정심판인 이의신청으로 보는 견해

(2) 불복절차기준설
개별법률에서 이의신청 중 준사법절차가 보장되는 것만을 행정심판으로 보고 그렇지 않은 것은 행정심판이 아닌 이의신청으로 보는 견해

2. 판례
절차 및 담당기관을 기준으로 구분

3. 소결
「헌법」 제107조 제3항은 행정심판절차는 사법절차를 준용되어야 한다고 규정하고 있는 점에서 준사법절차가 보장되는 것만 행정심판으로 봐야 한다.

목차키워드 03 「행정기본법」상 처분의 재심사

목차연결

Ⅰ. 서설
Ⅱ. 재심사의 요건
 1. 신청사유
 2. 신청권자
 3. 신청기간
Ⅲ. 처리기간
 1. 원칙
 2. 예외
Ⅳ. 재심사 결과에 대한 불복
 1. 재심사 결정의 법적 성격
 2. 처분을 유지하는 결정
 3. 철회·취소·변경에 대한 쟁송 제기
Ⅴ. 행정청의 직권취소·철회와의 관계

Ⅰ 서설

처분이 행정심판, 행정소송 및 그 밖의 쟁송을 통하여 다툴 수 없게 된 경우에 당사자의 신청에 의해 해당 처분을 한 행정청이 처분을 취소·철회하거나 변경하는 것

Ⅱ 재심사의 요건

1. 신청사유

① 처분의 근거가 된 사실관계 또는 법률관계가 추후에 당사자에게 유리하게 바뀐 경우
② 당사자에게 유리한 결정을 가져다주었을 새로운 증거가 있는 경우
③ 「민사소송법」 제451조에 따른 재심사유에 준하는 사유가 발생한 경우 등 대통령령으로 정하는 경우

2. 신청권자

처분의 상대방(○), 처분의 이해관계가 있는 제3자(×)

3. 신청기간

재심사 신청사유를 안 날로부터 60일 이내, 처분이 있은 날부터 5년 경과 신청(×)

Ⅲ 처리기간

1. 원칙

신청을 받은 날부터 90일(합의제행정기관은 180일) 이내에 결과 통지

2. 예외

부득이한 사유가 있다면 90일(합의제행정기관은 180일)의 범위에서 한 차례 연장 가능

Ⅳ 재심사 결과에 대한 불복

1. 재심사 결정의 법적 성격

처분의 재심사신청에 대한 결정은 행정심판이나 항고소송의 대상되는 처분에 해당

2. 처분을 유지하는 결정

현행 「행정기본법」은 처분의 재심사 결과 중 처분을 유지하는 결과에 대해서는 행정심판, 행정소송 및 그 밖의 쟁송수단을 통하여 불복할 수 없다고 규정

3. 철회·취소·변경에 대한 쟁송 제기

재심사신청에 대한 철회·취소 또는 변경에 대해 이를 다툴 법률상 이익이 있는 자는 행정쟁송 제기 가능

Ⅴ 행정청의 직권취소·철회와의 관계

행정청은 처분의 재심사와 별도로 처분을 취소 또는 철회를 할 수 있다.

목차키워드 04 취소심판 개요

목차연결

Ⅰ. 서설
 1. 의의
 2. 성질
Ⅱ. 심판청구
 1. 심판청구의 방식
 2. 심판청구서의 제출
 3. 피청구인의 접수·처리
  (1) 위원회에 송부
  (2) 제3자의 심판청구
 4. 위원회의 접수·처리
Ⅲ. 심판청구의 적법요건 – 심판의 대상
 1. 처분
 2. 청구인적격
  (1) 법률상 이익
  (2) 회복되는 법률상 이익
  (3) 법인이 아닌 사단 또는 재단
 3. 피청구인적격
 4. 청구기간
  (1) 원칙
  (2) 오고지
  (3) 불고지
Ⅳ. 가구제
 1. 집행부정지원칙
 2. 집행정지
 3. 임시처분
Ⅴ. 심리
 1. 요건심리
  (1) 요건의 보정
  (2) 보정할 수 없는 경우
 2. 본안심리
  (1) 직권심리
  (2) 증거조사
  (3) 심리의 방식
 3. 처분사유의 추가·변경
  (1) 문제소재
  (2) 학설
  (3) 판례
  (4) 소결
 4. 조정제도
Ⅵ. 재결의 종류
 1. 각하재결
 2. 기각재결
 3. 인용재결
 4. 사정재결
Ⅶ. 재결의 효력
 1. 형성력
 2. 대세효
 3. 기속력
  (1) 의의
  (2) 내용
   1) 반복금지의무
   2) 재처분의무
   3) 간접강제

Ⅰ 서설

1. 의의
행정청의 위법 또는 부당한 처분을 취소하거나 변경하는 행정심판

2. 성질
① 형성적 쟁송설과 확인적 쟁송설의 대립
② 취소재결로 법률관계의 변경·소멸의 효과가 있으므로 형성적 쟁송으로 보는 것이 다수설과 판례

Ⅱ 심판청구

1. 심판청구의 방식
심판청구는 서면으로 하여야 한다.

2. 심판청구서의 제출
피청구인이나 위원회에 제출

3. 피청구인의 접수·처리

(1) 위원회에 송부
① 10일 이내에 심판청구서와 답변서를 위원회에 송부
② 심판청구를 취하한 경우 송부(×)

(2) 제3자의 심판청구
① 지체 없이 처분의 상대방에게 통지
② 심판청구서 사본을 함께 송달

4. 위원회의 접수·처리
① 지체 없이 피청구인에게 심판청구서 부본 송부
② 피청구인으로부터 답변서가 제출된 경우 답변서 부본을 청구인에게 송달

Ⅲ 심판청구의 적법요건 – 심판의 대상

1. 처분

행정청이 행하는 구체적 사실에 관한 법집행으로서의 공권력의 행사 또는 그 거부, 그 밖에 이에 준하는 행정작용

2. 청구인적격

(1) 법률상 이익

처분의 취소 또는 변경을 구할 법률상 이익이 있는 자

(2) 회복되는 법률상 이익

처분의 효과가 기간의 경과, 처분의 집행, 그 밖의 사유로 소멸된 뒤에도 그 처분의 취소로 회복되는 법률상 이익이 있는 자

(3) 법인이 아닌 사단 또는 재단

대표자나 관리인이 정하여져 있는 경우에는 그 사단이나 재단의 이름으로 심판청구

3. 피청구인적격

① 처분을 한 행정청
② 심판청구의 대상과 관계되는 권한이 다른 행정청에 승계된 경우에는 권한을 승계한 행정청

4. 청구기간

(1) 원칙

① 처분이 있음을 알게 된 날부터 90일 이내
② 처분이 있었던 날부터 180일 이내, 정당한 사유가 있는 경우 예외

(2) 오고지

90일보다 긴 기간으로 잘못 알린 경우, 그 잘못 알린 기간 내에 심판청구가 있으면 허용

(3) 불고지

심판청구기간을 알리지 않은 경우에는 처분이 있은 날로부터 180일 이내에 심판청구 가능

Ⅳ 가구제

1. 집행부정지원칙

심판청구는 처분의 효력이나 그 집행 또는 절차의 속행(續行)에 영향을 주지 아니한다.

2. 집행정지

위원회는 처분, 처분의 집행 또는 절차의 속행 때문에 중대한 손해가 생기는 것을 예방할 필요성이 긴급하다고 인정할 때 집행정지 가능

3. 임시처분

위원회는 처분 또는 부작위 때문에 당사자가 받을 우려가 있는 중대한 불이익이나 당사자에게 생길 급박한 위험을 막기 위하여 임시지위를 정하여야 할 필요가 있는 경우 임시처분 가능

Ⅴ 심리

1. 요건심리

(1) **요건의 보정**
  ① 심판청구가 적법하지 아니하나 보정(補正)할 수 있다고 인정하면 기간을 정하여 청구인에게 보정할 것을 요구
  ② 보정기간 내에 그 흠을 보정하지 아니한 경우에는 그 심판청구를 각하

(2) **보정할 수 없는 경우**
  심판청구를 각하

2. 본안심리

(1) **직권심리**
  위원회는 필요하면 당사자가 주장하지 아니한 사실에 대하여도 심리할 수 있다.

(2) **증거조사**
  위원회는 사건을 심리하기 위하여 필요하면 직권으로 또는 당사자의 신청에 의하여 증거조사를 할 수 있다.

(3) 심리의 방식

① 구술심리나 서면심리

② 당사자가 구술심리를 신청한 경우에는 서면심리만으로 결정할 수 있다고 인정되는 경우 외에는 구술심리를 하여야 한다.

3. 처분사유의 추가·변경

(1) 문제소재

인정 여부에 대한 명문의 규정이 없다.

(2) 학설

① 기본적 사실관계 동일성설, ② 소송물 기준설, ③ 개별적 기준설의 대립

(3) 판례

기본적 사실관계 동일성설

(4) 소결

기본적 사실관계 동일성설

4. 조정제도

① 위원회는 당사자의 권리 및 권한의 범위에서 당사자의 동의를 받아 조정 가능

② 조정이 공공복리에 적합하지 아니하거나 해당 처분의 성질에 반하는 경우 인정(×)

Ⅵ 재결의 종류

1. 각하재결

심판청구가 적법하지 아니하면 그 심판청구를 각하

2. 기각재결

심판청구가 이유가 없다고 인정하면 그 심판청구를 기각

3. 인용재결

취소심판의 청구가 이유가 있다고 인정하면 처분을 취소, 다른 처분으로 변경, 처분을 다른 처분으로 변경할 것을 피청구인에게 명한다.

4. 사정재결

심판청구가 이유가 있다고 인정하는 경우에도 이를 인용하는 것이 공공복리에 크게 위배된다고 인정하면 그 심판청구를 기각

Ⅶ 재결의 효력

1. 형성력
① 재결에 의해 기존의 법률관계에 변동을 가져오는 효력
② 취소재결과 변경재결에 형성력 인정

2. 대세효
재결의 효력은 당사자뿐만 아니라 제3자에게도 효력(○)

3. 기속력

(1) 의의
① 피청구인인 행정청이나 관계행정청으로 하여금 재결의 취지에 따라 행동할 의무를 발생시키는 효력
② 심판청구를 인용하는 재결은 피청구인과 그 밖의 관계행정청을 기속

(2) 내용

1) 반복금지의무
청구인용재결이 있게 되면 관계행정청은 당해 재결의 내용에 모순되는 내용의 동일한 처분을 동일한 사실관계하에서 반복할 수 없다.

2) 재처분의무
거부처분이 재결에 의하여 취소된 경우 그 처분을 한 행정청은 재결의 취지에 따라 다시 이전의 신청에 대한 처분을 하여야 한다.

3) 간접강제
행정청의 재처분의무에도 불구하고 재처분을 하지 아니하는 경우 지연기간에 따라 일정한 배상을 하도록 명하거나 즉시 배상을 할 것을 명할 수 있다.

목차키워드 05 무효등확인심판 개요

목차연결

Ⅰ. 서설
  1. 의의
  2. 성질
Ⅱ. 심판청구
  1. 심판청구의 방식
  2. 심판청구서의 제출
  3. 피청구인의 접수·처리
    (1) 위원회에 송부
    (2) 제3자의 심판청구
  4. 위원회의 접수·처리
Ⅲ. 심판청구의 적법요건 - 심판의 대상
  1. 처분
  2. 청구인적격
    (1) 법률상 이익
    (2) 법인이 아닌 사단 또는 재단
  3. 피청구인적격
  4. 청구기간
Ⅳ. 가구제
  1. 집행부정지원칙
  2. 집행정지
  3. 임시처분
Ⅴ. 심리
  1. 요건심리
    (1) 요건의 보정
    (2) 보정할 수 없는 경우
  2. 본안심리
    (1) 직권심리
    (2) 증거조사
    (3) 심리의 방식
  3. 처분사유의 추가·변경
    (1) 문제소재
    (2) 학설
    (3) 판례
    (4) 소결
  4. 조정제도
Ⅵ. 재결의 종류
  1. 각하재결
  2. 기각재결
  3. 인용재결
  4. 사정재결
Ⅶ. 재결의 효력
  1. 형성력
  2. 대세효
  3. 기속력
    (1) 의의
    (2) 내용
      1) 반복금지의무
      2) 재처분의무
      3) 간접강제

Ⅰ 서설

1. 의의
행정청의 처분의 효력 유무 또는 존재 여부를 확인하는 행정심판

2. 성질
① 확인적 쟁송설, 형성적 쟁송설, 준형성적 쟁송설 대립
② 실질적으로 확인적 쟁송이나 형식적으로는 처분의 효력 유무 등을 직접 심판의 대상으로 한다는 점에서 형성적 쟁송으로서의 성질도 갖는다(다수설).

Ⅱ 심판청구

1. 심판청구의 방식
심판청구는 서면으로 하여야 한다.

2. 심판청구서의 제출
피청구인이나 위원회에 제출

3. 피청구인의 접수·처리

(1) 위원회에 송부
① 10일 이내에 심판청구서와 답변서를 위원회에 송부
② 심판청구를 취하한 경우 송부(×)

(2) 제3자의 심판청구
① 지체 없이 처분의 상대방에게 통지
② 심판청구서 사본을 함께 송달

4. 위원회의 접수·처리
① 지체 없이 피청구인에게 심판청구서 부본 송부
② 피청구인으로부터 답변서가 제출된 경우 답변서 부본을 청구인에게 송달

Ⅲ 심판청구의 적법요건 - 심판의 대상

1. 처분

행정청이 행하는 구체적 사실에 관한 법집행으로서의 공권력의 행사 또는 그 거부, 그 밖에 이에 준하는 행정작용

2. 청구인적격

(1) **법률상 이익**

처분의 효력 유무 또는 존재 여부의 확인을 구할 법률상 이익이 있는 자

(2) **법인이 아닌 사단 또는 재단**

대표자나 관리인이 정하여져 있는 경우에는 그 사단이나 재단의 이름으로 심판청구

3. 피청구인적격

① 처분을 한 행정청
② 심판청구의 대상과 관계되는 권한이 다른 행정청에 승계된 경우에는 권한을 승계한 행정청

4. 청구기간

청구기간의 제한이 없다.

Ⅳ 가구제

1. 집행부정지원칙

심판청구는 처분의 효력이나 그 집행 또는 절차의 속행(續行)에 영향을 주지 아니함

2. 집행정지

위원회는 처분, 처분의 집행 또는 절차의 속행 때문에 중대한 손해가 생기는 것을 예방할 필요성이 긴급하다고 인정할 때 집행정지 가능

3. 임시처분

위원회는 처분 또는 부작위 때문에 당사자가 받을 우려가 있는 중대한 불이익이나 당사자에게 생길 급박한 위험을 막기 위하여 임시지위를 정하여야 할 필요가 있는 경우 임시처분 가능

Ⅴ 심리

1. 요건심리

(1) 요건의 보정
① 심판청구가 적법하지 아니하나 보정(補正)할 수 있다고 인정하면 기간을 정하여 청구인에게 보정할 것을 요구
② 보정기간 내에 그 흠을 보정하지 아니한 경우에는 그 심판청구를 각하

(2) 보정할 수 없는 경우
심판청구를 각하

2. 본안심리

(1) 직권심리
위원회는 필요하면 당사자가 주장하지 아니한 사실에 대하여도 심리할 수 있다.

(2) 증거조사
위원회는 사건을 심리하기 위하여 필요하면 직권으로 또는 당사자의 신청에 의하여 증거조사를 할 수 있다.

(3) 심리의 방식
① 구술심리나 서면심리
② 당사자가 구술심리를 신청한 경우에는 서면심리만으로 결정할 수 있다고 인정되는 경우 외에는 구술심리를 하여야 한다.

3. 처분사유의 추가·변경

(1) 문제소재
인정 여부에 대한 명문의 규정이 없다.

(2) 학설
① 기본적 사실관계 동일성설, ② 소송물 기준설, ③ 개별적 기준설의 대립

(3) 판례
기본적 사실관계 동일성설

(4) 소결

기본적 사실관계 동일성설

4. 조정제도

① 위원회는 당사자의 권리 및 권한의 범위에서 당사자의 동의를 받아 조정 가능
② 조정이 공공복리에 적합하지 아니하거나 해당 처분의 성질에 반하는 경우 인정(×)

Ⅵ 재결의 종류

1. 각하재결

심판청구가 적법하지 아니하면 그 심판청구를 각하

2. 기각재결

심판청구가 이유가 없다고 인정하면 그 심판청구를 기각

3. 인용재결

무효등확인심판의 청구가 이유가 있다고 인정하면 처분의 효력 유무 또는 처분의 존재 여부를 확인

4. 사정재결

무효등확인심판은 사정재결 인정(×)

Ⅶ 재결의 효력

1. 형성력

무효등확인재결에는 형성력(×)

2. 대세효

재결의 효력은 당사자뿐만 아니라 제3자에게도 효력(○)

3. 기속력

(1) 의의
① 피청구인인 행정청이나 관계행정청으로 하여금 재결의 취지에 따라 행동할 의무를 발생시키는 효력
② 심판청구를 인용하는 재결은 피청구인과 그 밖의 관계행정청을 기속

(2) 내용

1) 반복금지의무
청구인용재결이 있게 되면 관계행정청은 당해 재결의 내용에 모순되는 내용의 동일한 처분을 동일한 사실관계하에서 반복할 수 없다.

2) 재처분의무
거부처분이 재결에 의하여 무효 또는 부존재로 확인된 경우 그 처분을 한 행정청은 재결의 취지에 따라 다시 이전의 신청에 대한 처분을 하여야 한다.

3) 간접강제
행정청의 재처분의무에도 불구하고 재처분을 하지 아니하는 경우 지연기간에 따라 일정한 배상을 하도록 명하거나 즉시 배상을 할 것을 명할 수 있다.

06 의무이행심판 개요

목차연결

Ⅰ. 서설
  1. 의의
  2. 성질
Ⅱ. 심판청구
  1. 심판청구의 방식
  2. 심판청구서의 제출
  3. 피청구인의 접수·처리
    (1) 위원회에 송부
    (2) 제3자의 심판청구
  4. 위원회의 접수·처리
Ⅲ. 심판청구의 적법요건 - 심판의 대상
  1. 처분
  2. 청구인적격
    (1) 법률상 이익
    (2) 본인이 아닌 사단 또는 재단
  3. 피청구인적격
  4. 청구기간
Ⅳ. 가구제
  1. 집행부정지원칙
  2. 집행정지
  3. 임시처분
Ⅴ. 심리
  1. 요건심리
    (1) 요건의 보정
    (2) 보정할 수 없는 경우
  2. 본안심리
    (1) 직권심리
    (2) 증거조사
    (3) 심리의 방식
  3. 처분사유의 추가·변경
    (1) 문제소재
    (2) 학설
    (3) 판례
    (4) 소결
  4. 조정제도
Ⅵ. 재결의 종류
  1. 각하재결
  2. 기각재결
  3. 인용재결
  4. 사정재결
Ⅶ. 재결의 효력
  1. 형성력
  2. 대세효
  3. 기속력
    (1) 의의
    (2) 내용
      1) 반복금지의무
      2) 재처분의무
      3) 직접처분
      4) 간접강제

Ⅰ 서설

1. 의의
당사자의 신청에 대한 행정청의 위법 또는 부당한 거부처분이나 부작위에 대하여 일정한 처분을 하도록 하는 행정심판

2. 성질
이행쟁송의 성질을 갖는다.

Ⅱ 심판청구

1. 심판청구의 방식
심판청구는 서면으로 하여야 한다.

2. 심판청구서의 제출
피청구인이나 위원회에 제출

3. 피청구인의 접수 · 처리

(1) 위원회에 송부
① 10일 이내에 심판청구서와 답변서를 위원회에 송부
② 심판청구를 취하한 경우 송부(×)

(2) 제3자의 심판청구
① 지체 없이 처분의 상대방에게 통지
② 심판청구서 사본을 함께 송달

4. 위원회의 접수 · 처리
① 지체 없이 피청구인에게 심판청구서 부본 송부
② 피청구인으로부터 답변서가 제출된 경우 답변서 부본을 청구인에게 송달

Ⅲ 심판청구의 적법요건 – 심판의 대상

1. 처분
당사자의 신청에 대한 행정청의 거부처분이나 부작위

2. 청구인적격

(1) 법률상 이익
처분을 신청한 자로서 행정청의 거부처분 또는 부작위에 대하여 일정한 처분을 구할 법률상 이익이 있는 자

(2) 법인이 아닌 사단 또는 재단
대표자나 관리인이 정하여져 있는 경우에는 그 사단이나 재단의 이름으로 심판청구

3. 피청구인적격
① 청구인의 신청을 받은 행정청
② 심판청구의 대상과 관계되는 권한이 다른 행정청에 승계된 경우에는 권한을 승계한 행정청

4. 청구기간
거부처분은 심판청구기간의 제한(○), 부작위는 심판청구기간의 제한(×)

Ⅳ 가구제

1. 집행부정지원칙
심판청구는 처분의 효력이나 그 집행 또는 절차의 속행(續行)에 영향을 주지 아니함

2. 집행정지
거부나 부작위에 대해서는 집행정지 인정(×)

3. 임시처분
위원회는 처분 또는 부작위 때문에 당사자가 받을 우려가 있는 중대한 불이익이나 당사자에게 생길 급박한 위험을 막기 위하여 임시지위를 정하여야 할 필요가 있는 경우 임시처분 가능

Ⅴ 심리

1. 요건심리

(1) 요건의 보정
① 심판청구가 적법하지 아니하나 보정(補正)할 수 있다고 인정하면 기간을 정하여 청구인에게 보정할 것을 요구
② 보정기간 내에 그 흠을 보정하지 아니한 경우에는 그 심판청구를 각하

(2) 보정할 수 없는 경우
심판청구를 각하

2. 본안심리

(1) 직권심리
위원회는 필요하면 당사자가 주장하지 아니한 사실에 대하여도 심리할 수 있다.

(2) 증거조사
위원회는 사건을 심리하기 위하여 필요하면 직권으로 또는 당사자의 신청에 의하여 증거조사를 할 수 있다.

(3) 심리의 방식
① 구술심리나 서면심리
② 당사자가 구술심리를 신청한 경우에는 서면심리만으로 결정할 수 있다고 인정되는 경우 외에는 구술심리를 하여야 한다.

3. 처분사유의 추가 · 변경

(1) 문제소재
인정 여부에 대한 명문의 규정이 없다.

(2) 학설
① 기본적 사실관계 동일성설, ② 소송물 기준설, ③ 개별적 기준설의 대립

(3) 판례

기본적 사실관계 동일성설

(4) 소결

기본적 사실관계 동일성설

4. 조정제도

① 위원회는 당사자의 권리 및 권한의 범위에서 당사자의 동의를 받아 조정 가능
② 조정이 공공복리에 적합하지 아니하거나 해당 처분의 성질에 반하는 경우 인정(×)

Ⅵ 재결의 종류

1. 각하재결

심판청구가 적법하지 아니하면 그 심판청구를 각하

2. 기각재결

심판청구가 이유가 없다고 인정하면 그 심판청구를 기각

3. 인용재결

의무이행심판의 청구가 이유가 있다고 인정하면 지체 없이 신청에 따른 처분을 하거나 처분을 할 것을 피청구인에게 명함

4. 사정재결

심판청구가 이유가 있다고 인정하는 경우에도 이를 인용(認容)하는 것이 공공복리에 크게 위배된다고 인정하면 그 심판청구를 기각하는 재결 가능

Ⅶ 재결의 효력

1. 형성력
위원회의 처분재결은 형성력(○), 처분명령재결은 형성력(×)

2. 대세효
재결의 효력은 당사자뿐만 아니라 제3자에게도 효력(○)

3. 기속력

(1) 의의
① 피청구인인 행정청이나 관계행정청으로 하여금 재결의 취지에 따라 행동할 의무를 발생시키는 효력
② 심판청구를 인용하는 재결은 피청구인과 그 밖의 관계행정청을 기속

(2) 내용

1) 반복금지의무
청구인용재결이 있게 되면 관계행정청은 당해 재결의 내용에 모순되는 내용의 동일한 처분을 동일한 사실관계하에서 반복할 수 없다.

2) 재처분의무
당사자의 신청을 거부하거나 부작위로 방치한 처분의 이행을 명하는 재결이 있으면 행정청은 지체 없이 이전의 신청에 대하여 재결의 취지에 따라 처분을 하여야 한다.

3) 직접처분
① 피청구인이 재처분을 하지 아니하는 경우에는 위원회는 직접처분을 할 수 있다.
② 다만, 그 처분의 성질이나 그 밖의 불가피한 사유로 위원회가 직접처분을 할 수 없는 경우에는 불가능하다.

4) 간접강제
행정청의 재처분 의무에도 불구하고 재처분을 하지 아니하는 경우 지연기간에 따라 일정한 배상을 하도록 명하거나 즉시 배상을 할 것을 명할 수 있다.

목차키워드 07 행정심판위원회

목차연결

I. 서설
 1. 합의제 행정청
 2. 심리·재결의 일원화
II. 행정심판위원회의 설치
 1. 해당 행정청 소속 행정심판위원회
 2. 국민권익위원회 소속 중앙행정심판위원회
 3. 시·도지사 소속 행정심판위원회
 4. 처분청의 직근 상급행정기관 소속 행정심판위원회
III. 행정심판위원회의 구성과 회의
 1. 중앙행정심판위원회의 구성과 회의
  (1) 구성
   1) 위원회 구성
   2) 위원장
  (2) 회의
   1) 회의 구성
   2) 소위원회
   3) 전문위원회
   4) 의결
 2. 중앙행정심판위원회 이외의 행정심판위원회
  (1) 구성
   1) 위원회 구성
   2) 위원장
   3) 행정심판위원
  (2) 회의
   1) 회의 구성
   2) 의결
IV. 행정심판위원회의 권한
 1. 심리권
 2. 심리에 부수된 권한
 3. 재결권
 4. 불합리한 법령 등의 개선
 5. 조사·지도권

Ⅰ 서설

1. 합의제 행정청

행정심판위원회는 행정청의 처분 또는 부작위에 대한 행정심판의 청구를 심리·재결하는 합의제 행정청

2. 심리·재결의 일원화

현행 「행정심판법」은 행정심판위원회가 심리와 의결 그리고 재결을 모두 수행

Ⅱ 행정심판위원회의 설치

1. 해당 행정청 소속 행정심판위원회

① 감사원, 국가정보원장, 그 밖에 대통령령으로 정하는 대통령 소속기관의 장, ② 국회사무총장·법원행정처장·헌법재판소사무처장 및 중앙선거관리위원회사무총장, ③ 국가인권위원회, 그 밖에 지위·성격의 독립성과 특수성 등이 인정되어 대통령령으로 정하는 행정청의 처분·부작위를 심리·재결

2. 국민권익위원회 소속 중앙행정심판위원회

① 위의 기관 이외 국가행정기관의 장 또는 그 소속 행정청, ② 특별시·광역시·도·특별자치도의 단체장과 의회, ③ 국가·지방자치단체·공공법인 등이 공동으로 설립한 행정청의 처분·부작위를 심리·재결

3. 시·도지사 소속 행정심판위원회

① 시·도 소속 행정청, ② 시·도의 관할구역에 있는 시·군·자치구의 단체장 또는 의회, ③ 시·도의 관할구역에 있는 둘 이상의 지방자치단체·공공법인 등이 공동으로 설립한 행정청의 처분·부작위를 심리·재결

4. 처분청의 직근 상급행정기관 소속 행정심판위원회

법무부 및 대검찰청 소속 특별지방행정기관의 처분·부작위를 심리·재결

Ⅲ 행정심판위원회의 구성과 회의

1. 중앙행정심판위원회의 구성과 회의

(1) **구성**

1) **위원회 구성**

위원장 1명을 포함한 70명 이내의 위원, 위원 중 상임위원은 4명 이내

2) **위원장**

국민권익위원회의 부위원장 중 1명

(2) **회의**

1) **회의 구성**

위원장, 상임위원 및 위원장이 회의마다 지정하는 비상임위원을 포함하여 총 9명으로 구성

2) **소위원회**

「도로교통법」에 따른 자동차운전면허 행정처분에 관한 사건 심리·의결, 4명의 위원으로 구성

3) **전문위원회**

중앙행정심판위원회는 위원장이 지정하는 사건을 미리 검토

4) **의결**

구성원 과반수의 출석과 출석위원 과반수의 찬성으로 의결

2. 중앙행정심판위원회 이외의 행정심판위원회

(1) **구성**

1) **위원회 구성**

위원장 1명을 포함한 50명 이내의 위원

2) **위원장**

그 행정심판위원회가 소속된 행정청

3) **행정심판위원**

해당 행정심판위원회가 소속된 행정청이 일정한 자격에 해당하는 사람 중에서 성별을 고려하여 위촉 또는 그 소속 공무원 중에서 지명

> 1. 변호사 자격을 취득한 후 5년 이상의 실무 경험이 있는 사람
> 2. 「고등교육법」 제2조 제1호부터 제6호까지의 규정에 따른 학교에서 조교수 이상으로 재직하거나 재직하였던 사람
> 3. 행정기관의 4급 이상 공무원이었거나 고위공무원단에 속하는 공무원이었던 사람
> 4. 박사학위를 취득한 후 해당 분야에서 5년 이상 근무한 경험이 있는 사람
> 5. 그 밖에 행정심판과 관련된 분야의 지식과 경험이 풍부한 사람

(2) 회의

1) 회의 구성

위원장과 위원장이 회의마다 지정하는 8명의 위원으로 구성

2) 의결

구성원 과반수의 출석과 출석위원 과반수의 찬성으로 의결

Ⅳ 행정심판위원회의 권한

1. 심리권

당사자 및 관계인의 주장과 반박을 듣고 이를 뒷받침하는 증거나 기타의 자료를 수집·조사하는 일련의 권한

2. 심리에 부수된 권한

대표자선정권고권, 청구인의 지위승계허가권, 대리인선임허가권, 피청구인의 경정결정권, 심판참가의 허가 및 요구권, 심판청구의 변경불허권, 보정명령권 등

3. 재결권

① 심판청구에 대한 심리의 결과에 따라 종국적 판단
② 사정재결, 집행정지결정권 또는 집행정지취소결정권

4. 불합리한 법령 등의 개선

중앙행정심판위원회는 심판청구를 심리·재결할 때에 처분 또는 부작위의 근거가 되는 명령 등이 법령에 근거가 없거나 상위 법령에 위배되거나 국민에게 과도한 부담을 주는 등 크게 불합리하면 관계 행정기관에 그 명령 등의 개정·폐지 등 적절한 시정조치를 요청

5. 조사·지도권

중앙행정심판위원회는 행정청에 대하여 ① 위원회 운영 실태, ② 재결 이행 상황, ③ 행정심판의 운영 현황 등을 조사하고, 필요한 지도를 할 수 있다.

08 행정심판위원의 제척·기피·회피 2013년 제1회 기출

목차연결

I. 서설
II. 위원의 제척·기피
 1. 제척
  (1) 의의
  (2) 결정권자
  (3) 사유
 2. 기피
  (1) 의의
  (2) 결정권자
  (3) 사유
 3. 제척·기피 절차
  (1) 신청형식
  (2) 위원에 대한 의견수렴
  (3) 결정서 정본 송달
III. 회피
 1. 의의
 2. 사유
 3. 절차
IV. 직원에 준용

I 서설

사건의 심리·의결의 공정성을 확보하기 위해 인정되는 제도

II 위원의 제척·기피

1. 제척

(1) 의의

법정사유가 발생한 경우 당연히 직무집행에서 배제되는 것

(2) **결정권자**

위원장이 직권 또는 당사자 신청에 의해 결정

(3) **사유**

① 위원 또는 그 배우자나 배우자이었던 사람이 사건의 당사자이거나 사건에 관하여 공동 권리자 또는 의무자인 경우
② 위원이 사건의 당사자와 친족이거나 친족이었던 경우
③ 위원이 사건에 관하여 증언이나 감정(鑑定)을 한 경우
④ 위원이 당사자의 대리인으로서 사건에 관여하거나 관여하였던 경우
⑤ 위원이 사건의 대상이 된 처분 또는 부작위에 관여한 경우

2. 기피

(1) **의의**

위원에게 공정한 심리·의결을 기대하기 어려운 사정이 있는 경우 당사자의 신청에 의해 배제시키는 것

(2) **결정권자**

위원장이 당사자의 신청에 의해 결정

(3) **사유**

위원에게 공정한 심리·의결을 기대하기 어려운 사정이 있는 경우

3. 제척·기피 절차

(1) **신청형식**

① 제척·기피는 그 사유를 소명한 문서로 신청
② 불가피한 경우 신청한 날부터 3일 이내에 소명할 수 있는 자료를 제출
③ 위반 시 위원장 결정으로 각하

(2) **위원에 대한 의견수렴**

위원장은 제척신청이나 기피신청의 대상이 된 위원에게서 그에 대한 의견을 받을 수 있음

(3) **결정서 정본 송달**

위원장은 제척 또는 기피 여부에 대한 결정을 하고, 지체 없이 신청인에게 결정서 정본을 송달

Ⅲ 회피

1. 의의
회의에 참석하는 위원이 제척사유 또는 기피사유에 해당되는 것을 알게 되었을 때 스스로 그 사건의 심리·의결에서 배제되는 것

2. 사유
제척 또는 기피사유에 해당되는 경우

3. 절차
위원장에게 그 사유를 소명

Ⅳ 직원에 준용

사건의 심리·의결에 관한 사무에 관여하는 위원 아닌 직원에게도 제척·기피·회피 준용

09 행정심판의 대상

목차연결

Ⅰ. 서설
 1. 행정심판의 대상
 2. 심판대상의 예외
  (1) 대통령의 처분·부작위
  (2) 심판재결
  (3) 별도의 구제절차가 마련되어 있는 경우
Ⅱ. 처분 개념에 대한 구체적 분석
 1. 처분의 개념
 2. 구체적 분석
  (1) 행정청의 행정작용
  (2) 구체적 사실에 관한 법집행
  (3) 공권력의 행사
  (4) 그 거부 2015년 제3회, 2018년 제6회 기출
  (5) 그 밖에 이에 준하는 행정작용
Ⅲ. 부작위
 1. 의의
 2. 성립요건 2018년 제6회 기출

Ⅰ 서설

1. 행정심판의 대상

행정청의 처분 또는 부작위

2. 심판대상의 예외

(1) 대통령의 처분·부작위

다른 법률에 특별한 규정이 있는 경우를 제외하고는 행정심판을 제기할 수 없다.

(2) 심판재결

심판청구에 대한 재결이 있는 경우에는 당해 재결 및 동일한 처분 또는 부작위에 대하여 다시 심판청구를 제기할 수 없다.

(3) 별도의 구제절차가 마련되어 있는 경우

「행정심판법」 이외의 별도의 불복구제절차가 마련되어 있는 처분은 행정심판의 대상이 되지 않는다.

Ⅱ 처분 개념에 대한 구체적 분석

1. 처분의 개념

행정청이 행하는 구체적 사실에 관한 법집행으로서의 공권력의 행사 또는 그 거부, 그 밖에 이에 준하는 행정작용

2. 구체적 분석

(1) 행정청의 행정작용

행정에 관한 의사를 결정하여 표시하는 국가 또는 지방자치단체의 기관, 그 밖에 법령 또는 자치법규에 따라 행정권한을 가지고 있거나 위탁을 받은 공공단체나 그 기관 또는 사인

(2) 구체적 사실에 관한 법집행

① 특정 사안에 법을 집행하여 특정인 또는 불특정 다수인에게 구체적이고 직접적인 법적 효과에 영향을 미치는 행정작용
② 일반적·추상적 효력의 법규명령은 처분(×), 처분법규의 심판대상 여부(이후 별도 설명)

(3) 공권력의 행사

① 권력적 사실행위 처분(○)
② 비권력적 행정작용 처분(×)

(4) 그 거부 2015년 제3회, 2018년 제6회 기출

① 신청한 행위가 공권력의 행사 또는 이에 준하는 행정작용이어야 하고, ② 그 거부행위가 신청인의 법률관계에 어떤 변동을 일으키는 것이어야 하며, ③ 그 국민에게 그 처분을 요구할 법규상 또는 조리상의 신청권이 있어야 한다.

(5) 그 밖에 이에 준하는 행정작용

공권력 행사가 아니라도 개인의 권익에 구체적으로 영향을 미치는 행정청의 대외적 작용으로 행정구제의 필요성이 인정되는 행정작용

Ⅲ 부작위

1. 의의

행정청이 당사자의 신청에 대하여 상당한 기간 내에 일정한 처분을 하여야 할 법률상 의무가 있는데도 처분을 하지 아니하는 것

2. 성립요건 2018년 제6회 기출

① 처분에 대한 신청이 있을 것, ② 상당기간이 경과했을 것, ③ 행정청에 처분을 해야 할 법률상 의무가 있을 것, ④ 처분을 하지 않았을 것(무응답), ⑤ 법규상·조리상 신청권이 있을 것

10 처분법규의 심판대상

> **목차연결**
>
> Ⅰ. 행정심판의 대상
> 1. 처분 또는 부작위
> 2. 처분의 개념
> Ⅱ. 처분법규의 심판대상
> 1. 의의
> 2. 심판대상 인정 여부
> (1) 문제소재
> (2) 견해대립
>   1) 부정설
>   2) 긍정설
> (3) 소결
> 3. 대통령령

Ⅰ 행정심판의 대상

1. 처분 또는 부작위

행정심판의 대상은 행정청의 처분 또는 부작위

2. 처분의 개념

행정청이 행하는 구체적 사실에 관한 법집행으로서의 공권력의 행사 또는 그 거부, 그 밖에 이에 준하는 행정작용

Ⅱ 처분법규의 심판대상

1. 의의

행정청의 별도 집행행위 없이 법규명령 자체로 직접 국민의 권리·의무에 법적 효과가 발생하는 법규명령

2. 심판대상 인정 여부

(1) 문제소재
법규명령의 위헌·위법심사권이 구체적 규범통제에 따라 법원에 있다는 점에서 행정심판의 대상이 될 것인지 견해대립

(2) 견해대립

1) 부정설
법규명령은 구체적 규범통제의 대상으로 권한이 법원에 전속된다.

2) 긍정설
처분법규는 처분에 해당하고 「행정심판법」상 처분개념과 「행정소송법」상 처분개념은 동일하게 규정되어 있으므로 행정소송에서와 마찬가지로 행정심판의 대상이 된다.

(3) 소결
처분법규도 처분에 해당하므로 항고소송과 마찬가지로 행정심판의 대상이 된다.

3. 대통령령
대통령의 처분은 다른 법률에 특별한 규정이 없는 한 행정심판 대상(×)

11 거부처분의 성립요건

> **목차연결**
>
> I. 행정심판의 대상
> 1. 처분 또는 부작위
> 2. 처분의 개념
> II. 거부처분의 성립요건
> 1. 성립요건
> 2. 법률관계의 변동
> 3. 신청권의 존재
>   (1) 문제소재
>   (2) 견해대립
>   1) 본안문제설
>   2) 심판요건설
>   (3) 판례
>   (4) 결론
> 4. 신청권 존부의 판단기준

Ⅰ 행정심판의 대상

1. 처분 또는 부작위

행정심판의 대상은 행정청의 처분 또는 부작위

2. 처분의 개념

행정청이 행하는 구체적 사실에 관한 법집행으로서의 공권력의 행사 또는 그 거부, 그 밖에 이에 준하는 행정작용

Ⅱ 거부처분의 성립요건

1. 성립요건

신청에 대한 거부가 처분이 되기 위해서는 ① 신청한 행위가 공권력의 행사 또는 이에 준하는 행정작용이어야 하고, ② 그 거부행위가 신청인의 법률관계에 어떤 변동을 일으키는 것이어야 하며, ③ 그 국민에게 그 처분을 요구할 법규상 또는 조리상의 신청권이 있어야 한다.

2. 법률관계의 변동

행정청의 거부로 신청인의 실체상의 권리관계에 직접적인 변동 또는 권리를 행사함에 중대한 지장을 초래하는 것

3. 신청권의 존재

(1) **문제소재**

거부처분이나 부작위의 성립요건으로서 신청권의 존재를 심판요건으로 볼 것인지, 본안판단의 문제로 볼 것인지

(2) **견해대립**

1) 본안문제설

신청권을 심판요건으로 보면 「행정심판법」상의 처분개념을 부당하게 제한함으로써 국민의 권익구제의 길을 부당하게 축소시킨다.

2) 심판요건설

심판요건설은 거부처분의 성립요건으로 보는 견해와 청구인적격의 문제로 보는 견해로 나누어진다.

(3) **판례**

거부처분의 성립요건으로 보고 있다.

(4) **결론**

신청권이 인정되지 않으면 처분의 의무가 성립되지 않으므로 심판요건 중 성립요건

4. 신청권 존부의 판단기준

신청권의 존부는 관계 법규의 해석에 의하여 일반 국민에게 그러한 신청권을 인정하고 있는가를 살펴 추상적으로 결정

12 부작위의 성립요건

목차연결

Ⅰ. 행정심판의 대상
1. 처분 또는 부작위
2. 부작위의 개념
Ⅱ. 부작위의 성립요건
1. 성립요건
2. 법률관계의 변동
3. 신청권의 존재
　(1) 문제소재
　(2) 견해대립
　　1) 본안문제설
　　2) 심판요건설
　(3) 판례
　(4) 결론
4. 신청권 존부의 판단기준

Ⅰ 행정심판의 대상

1. 처분 또는 부작위

행정심판의 대상은 행정청의 처분 또는 부작위

2. 부작위의 개념

행정청이 당사자의 신청에 대하여 상당한 기간 내에 일정한 처분을 하여야 할 법률상 의무가 있는데도 처분을 하지 아니하는 것

Ⅱ 부작위의 성립요건

1. 성립요건

① 처분에 대한 신청이 있을 것, ② 상당기간이 경과했을 것, ③ 행정청에 처분을 해야 할 법률상 의무가 있을 것, ④ 처분을 하지 않았을 것(무응답), ⑤ 법규상·조리상 신청권이 있을 것

2. 법률관계의 변동

행정청의 거부로 신청인의 실체상의 권리관계에 직접적인 변동 또는 권리를 행사함에 중대한 지장을 초래하는 것

3. 신청권의 존재

(1) 문제소재

신청권을 요구하는 명문의 규정이 없다는 점에서 신청권을 부작위의 성립요건으로 볼 것인지 견해대립

(2) 견해대립

1) 본안문제설

신청권을 심판요건으로 보면 「행정심판법」상의 처분개념을 부당하게 제한함으로써 국민의 권익구제의 길을 부당하게 축소시킨다.

2) 심판요건설

심판요건설은 부작위의 성립요건으로 보는 견해와 청구인적격의 문제로 보는 견해로 나누어진다.

(3) 판례

부작위의 성립요건으로 보고 있다.

(4) 결론

신청권이 인정되지 않으면 처분의 의무가 성립되지 않으므로 심판요건 중 성립요건

4. 신청권 존부의 판단기준

신청권의 존부는 관계 법규의 해석에 의하여 일반 국민에게 그러한 신청권을 인정하고 있는가를 살펴 추상적으로 결정

목차키워드 13 행정심판의 청구인

목차연결

Ⅰ. 서설
 1. 청구인능력
 2. 청구인적격
Ⅱ. 법률상 이익
 1. 행정심판의 종류별 청구인적격
  (1) 취소심판
  (2) 무효등확인심판
  (3) 의무이행심판
 2. 법률상 이익의 의미
  (1) 문제소재
  (2) 견해대립
   1) 법률상 보호이익설
   2) 보호할 가치 있는 이익설
  (3) 판례
  (4) 결론
 3. 반사적 이익과 구별
  (1) 반사적 이익
  (2) 법률상 이익
  (3) 반사적 이익의 침해

Ⅰ 서설

1. 청구인능력

① 자연인 또는 법인
② 법인이 아닌 사단 또는 재단으로서 대표자 또는 관리인이 정하여져 있는 경우에는 그 사단이나 재단의 이름으로 심판청구 가능

2. 청구인적격

행정심판을 청구할 자격이 있는 자

Ⅱ 법률상 이익

1. 행정심판의 종류별 청구인적격

(1) 취소심판

① 처분의 취소 또는 변경을 구할 법률상 이익이 있는 자
② 처분의 효과가 소멸된 뒤에도 그 처분의 취소로 회복되는 법률상 이익이 있는 자

(2) 무효등확인심판

처분의 효력 유무 또는 존재 여부의 확인을 구할 법률상 이익이 있는 자

(3) 의무이행심판

처분을 신청한 자로서 행정청의 거부처분 또는 부작위에 대하여 일정한 처분을 구할 법률상 이익이 있는 자

2. 법률상 이익의 의미

(1) 문제소재

법률상 이익의 범위와 관련해서 견해대립이 있다.

(2) 견해대립

1) 법률상 보호이익설

법적으로 보호되는 개인적 이익을 침해당한 자에게만 행정심판의 청구인적격을 인정

2) 보호할 가치 있는 이익설

쟁송법적 관점에서 행정심판에 의해 보호할 만한 가치가 있는 이익이 침해된 자에게는 청구인적격을 인정

(3) 판례

처분의 근거법규 및 관련법규에 의해 보호되는 직접적이고 구체적인 개인적 이익을 법률상 이익으로 보고 있다.

(4) 결론

행정심판은 법적 이익의 구제수단이므로 법률상 보호이익설 타당

3. 반사적 이익과 구별

(1) 반사적 이익
공익보호의 결과로 국민 일반이 공통적으로 가지는 일반적·간접적·추상적 이익과 같이 사실적·경제적 이해관계

(2) 법률상 이익
처분의 근거 법규 및 관련 법규에 의하여 보호되는 개별적·직접적·구체적 이익

(3) 반사적 이익의 침해
청구인적격이 인정되지 않는다.

행정심판의 피청구인

목차연결

Ⅰ. 의의
Ⅱ. 피청구인적격
  1. 취소심판과 무효등확인심판
  2. 의무이행심판
  3. 권한이 승계된 경우
Ⅲ. 피청구인의 경정
  1. 유형
   (1) 청구인이 피청구인을 잘못 지정한 경우
   (2) 권한승계로 행정청이 변경된 경우
  2. 결정서 송달
  3. 피청구인 경정의 효과
  4. 이의신청

Ⅰ 의의

심판청구의 상대방

Ⅱ 피청구인적격

1. 취소심판과 무효등확인심판

처분을 한 행정청

2. 의무이행심판

청구인의 신청을 받은 행정청

3. 권한이 승계된 경우

권한을 승계한 행정청

Ⅲ 피청구인의 경정

1. 유형

(1) 청구인이 피청구인을 잘못 지정한 경우

위원회는 직권으로 또는 당사자의 신청에 의하여 결정으로 피청구인 경정

(2) 권한승계로 행정청이 변경된 경우

위원회는 직권으로 또는 당사자의 신청에 의하여 결정으로 피청구인 경정

2. 결정서 송달

결정서 정본을 당사자(종전의 피청구인과 새로운 피청구인을 포함)에게 송달

3. 피청구인 경정의 효과

종전의 피청구인에 대한 심판청구는 취하되고 종전의 피청구인에 대한 행정심판이 청구된 때에 새로운 피청구인에 대한 행정심판이 청구된 것으로 본다.

4. 이의신청

결정서 정본을 받은 날부터 7일 이내에 위원회에 이의신청

15 행정심판의 대리인

목차연결

Ⅰ. 의의
Ⅱ. 청구인의 대리인 선임
  1. 대리인 선임
  2. 대리인이 될 수 있는 자
Ⅲ. 피청구인의 대리인 선임
  1. 대리인 선임
  2. 대리인이 될 수 있는 자
Ⅳ. 국선대리인
  1. 국선대리인 선임사유
  2. 위원회의 통지
  3. 국선대리인 선정 불허
  4. 국선대리인의 자격

Ⅰ 의의

청구인 및 피청구인은 대리인 선임(○)

Ⅱ 청구인의 대리인 선임

1. 대리인 선임

청구인은 임의적 대리인 선임(○)

2. 대리인이 될 수 있는 자

① 청구인의 배우자, 청구인 또는 배우자의 사촌 이내의 혈족
② 청구인이 법인이거나 청구인 능력이 있는 법인이 아닌 사단 또는 재단인 경우 그 소속 임직원
③ 변호사
④ 다른 법률에 따라 심판청구를 대리할 수 있는 자
⑤ 그 밖에 위원회의 허가를 받은 자

Ⅲ 피청구인의 대리인 선임

1. 대리인 선임
피청구인은 임의적 대리인(○)

2. 대리인이 될 수 있는 자
① 피청구인의 소속 직원
② 변호사
③ 다른 법률에 따라 심판청구를 대리할 수 있는 자
④ 그 밖에 위원회의 허가를 받은 자

Ⅳ 국선대리인

1. 국선대리인 선임사유
청구인이 경제적 능력으로 인해 대리인을 선임할 수 없는 경우 위원회에 국선대리인 선임 신청(○)

2. 위원회의 통지
① 위원회는 국선대리인 선정 여부에 대한 결정
② 지체 없이 청구인에게 그 결과를 통지

3. 국선대리인 선정 불허
위원회는 심판청구가 ① 명백히 부적법, ② 이유 없는 경우, ③ 권리의 남용이라고 인정되는 경우 국선대리인 선정 불허

4. 국선대리인의 자격
① 「변호사법」에 따라 등록한 변호사
② 「공인노무사법」에 따라 등록한 공인노무사에 해당하는 사람

목차키워드 16 행정심판의 참가인

목차연결

I. 의의
II. 절차
 1. 신청서 제출
 2. 부본송달
 3. 의견제출
 4. 결정서 송달
 5. 이의신청
III. 심판참가요구
 1. 의의
 2. 통지
 3. 참가인의 지위
  (1) 심판절차상의 행위
  (2) 참가인에 대한 통지

I 의의

현재 계속 중인 행정심판에 심판의 결과에 대하여 이해관계가 있는 제3자나 행정청이 참가하는 것

II 절차

1. 신청서 제출

① 참가의 취지와 이유를 적은 참가신청서를 위원회에 제출
② 당사자의 수만큼 참가신청서 부본을 함께 제출

2. 부본송달

위원회는 참가신청서 부본을 당사자에게 송달

3. 의견제출

위원회는 기간을 정하여 당사자와 다른 참가인에게 제3자의 참가신청에 대한 의견을 제출하도록 할 수 있으며, 당사자와 다른 참가인이 그 기간에 의견을 제출하지 아니하면 의견이 없는 것으로 본다.

4. 결정서 송달

① 위원회는 허가 여부를 결정
② 지체 없이 신청인에게는 결정서 정본, 당사자와 다른 참가인에게는 결정서 등본 송달

5. 이의신청

신청인은 송달을 받은 날부터 7일 이내에 위원회에 이의신청(○)

(Ⅲ) 심판참가요구

1. 의의

위원회는 필요하다고 인정하면 그 행정심판 결과에 이해관계가 있는 제3자나 행정청에 그 사건 심판에 참가할 것을 요구

2. 통지

심판참가요구를 받은 제3자나 행정청은 지체 없이 참가 여부를 위원회에 통지

3. 참가인의 지위

(1) 심판절차상의 행위

참가인은 당사자가 할 수 있는 심판절차상의 행위를 할 수 있다.

(2) 참가인에 대한 통지

① 당사자가 위원회에 서류를 제출할 때에는 참가인의 수만큼 부본 제출
② 위원회가 당사자에게 통지를 하거나 서류를 송달할 때에는 참가인에게도 통지하거나 송달

목차키워드 17 행정심판의 청구기간

목차연결

Ⅰ. 서설
Ⅱ. 청구기간의 제한
 1. 원칙
 2. 처분이 있음을 안 날
  (1) 특정인에 대한 처분
  (2) 불특정 다수인에 대한 처분
  (3) 처분이 있음을 알지 못한 경우
Ⅳ. 예외적인 심판청구기간
 1. 안 날로부터 90일의 예외
 2. 있었던 날로부터 180일 이내의 예외
 3. 제3자의 심판청구기간의 특칙
Ⅳ. 심판청구기간의 오고지·불고지
 1. 오고지 2020년 제8회 기출
 2. 불고지

Ⅰ 서설

① 취소심판과 거부처분에 대한 의무이행심판청구에만 적용(○)
② 무효등확인심판청구나 부작위에 대한 의무이행심판청구에는 적용(×)

Ⅱ 청구기간의 제한

1. 원칙

① 처분이 있음을 안 날로부터 90일 이내(불변기간)
② 처분이 있었던 날로부터 180일 이내, 정당한 사유가 있는 경우 예외

2. 처분이 있음을 안 날

(1) 특정인에 대한 처분

① 당해 처분이 있었다는 사실을 현실적으로 안 날, 추상적으로 알 수 있었던 날(×)
② 처분을 서면으로 하는 경우 그 서면이 상대방에게 도달한 날, 공시송달의 경우에는 서면이 도달한 것으로 간주되는 날
③ 처분을 기재한 서류가 당사자의 주소에 송달되는 등으로 사회통념상 처분이 있음을 당사자가 알 수 있는 상태에 놓여진 때에는 반증이 없는 한 그 처분이 있음을 알았다고 추정할 수 있음

(2) 불특정 다수인에 대한 처분

고시 또는 공고가 있었다는 사실을 현실적으로 알았는지 여부에 관계없이 고시가 효력을 발생하는 날

(3) 처분이 있음을 알지 못한 경우

처분이 있었던 날부터 180일 이내, 정당한 사유가 있는 경우 예외 인정

Ⅳ 예외적인 심판청구기간

1. 안 날로부터 90일의 예외

청구인의 천재·지변·전쟁·사변 그 밖에 불가항력으로 인하여 90일 이내에 심판청구를 할 수 없었을 때에는 그 사유가 소멸한 날로부터 14일 이내(국외는 30일)에 심판청구

2. 있었던 날로부터 180일 이내의 예외

청구인에게 정당한 사유가 있어서 180일이 경과된 경우에는 그 기간 경과 이후라도 심판청구를 제기 가능

3. 제3자의 심판청구기간의 특칙

① 처분의 제3자는 특별한 사유가 없는 한 처분이 있은 날로부터 180일 이내 청구, 180일이 경과한 후에도 심판청구가 적법
② 제3자가 어떤 경위로든 행정처분이 있음을 알았거나 쉽게 알 수 있는 등 심판청구가 가능하였다는 사정이 있는 경우에는 그때로부터 90일 이내에 행정심판을 청구

Ⅳ 심판청구기간의 오고지·불고지

1. 오고지 2020년 제8회 기출

행정청이 심판청구기간을 처분이 있음을 안 날로부터 90일보다 긴 기간으로 잘못 알린 경우에는, 그 잘못 알린 기간 내에 심판청구

2. 불고지

행정청이 심판청구기간을 알리지 않은 경우에는 처분이 있은 날로부터 180일 이내에 심판청구

18 심판청구서의 제출

목차연결

Ⅰ. 심판청구의 방식
 1. 서면주의
 2. 기재사항
  (1) 일반적 기재사항
  (2) 부작위에 대한 심판청구
  (3) 대표자 등에 의한 청구
  (4) 서명·날인
 3. 전자정보처리조직을 통한 심판청구
  (1) 전자정보처리조직을 통한 제출
  (2) 부본제출의무의 면제
  (3) 접수시기(접수번호 확인 시)
  (4) 효과
Ⅱ. 심판청구서의 제출
 1. 제출기관
 2. 피청구인의 처리
  (1) 위원회에 송부
  (2) 제3자의 심판청구에 대한 통지
  (3) 청구인에 대한 통지
  (4) 피청구인의 직권취소 등
 3. 행정심판위원회의 처리
  (1) 피청구인에 대한 심판청구서 부본 송달
  (2) 청구인에 대한 답변서 송달

Ⅰ 심판청구의 방식

1. 서면주의

심판청구는 서면으로 하여야 한다. 다만, 형식과 관계없이 그 내용이 처분에 대한 불복을 청구하는 경우 행정심판청구로 본다.

2. 기재사항

(1) 일반적 기재사항

① 청구인의 이름 및 주소, ② 피청구인인 행정청과 위원회, ③ 심판청구의 대상이 되는 처분의 내용, ④ 처분이 있었음을 안 날, ⑤ 심판청구의 취지 및 이유, ⑥ 처분을 한 행정청의 고지 유무 및 그 내용

(2) 부작위에 대한 심판청구

① 청구인의 이름과 주소 또는 사무소, ② 피청구인과 위원회, ③ 심판청구의 취지와 이유, ④ 부작위의 전제가 되는 신청의 내용과 날짜

(3) 대표자 등에 의한 청구

① 피청구인과 위원회, ② 심판청구의 취지와 이유, ③ 그 대표자·관리인·선정대표자 또는 대리인의 이름과 주소

(4) 서명·날인

심판청구서에는 청구인·대표자·관리인·선정대표자 또는 대리인이 서명 또는 날인

3. 전자정보처리조직을 통한 심판청구

(1) 전자정보처리조직을 통한 제출

정보통신망을 이용하여 위원회에서 지정·운영하는 전자정보처리조직을 통하여 제출(○)

(2) 부본제출의무의 면제

부본 제출의무 면제

(3) 접수시기(접수번호 확인 시)

문서를 제출한 사람이 정보통신망을 통하여 전자정보처리조직에서 제공하는 접수번호를 확인하였을 때 접수

(4) 효과

심판청구기간을 계산할 때에는 전자정보처리조직을 통한 심판청구에 따른 접수가 되었을 때 행정심판이 청구된 것으로 본다.

Ⅱ 심판청구서의 제출

1. 제출기관
피청구인이나 위원회에 제출

2. 피청구인의 처리

(1) 위원회에 송부
① 10일 이내에 심판청구서와 답변서를 위원회에 보내야 한다.
② 청구인이 심판청구를 취하한 경우에는 그러하지 아니하다.

(2) 제3자의 심판청구에 대한 통지
제3자가 심판청구를 한 경우에는 지체 없이 처분의 상대방에게 그 사실을 통지

(3) 청구인에 대한 통지
피청구인은 답변서 송부 사실을 지체 없이 청구인에게 통지

(4) 피청구인의 직권취소 등
그 심판청구가 이유 있다고 인정하면 심판청구의 취지에 따라 직권으로 처분을 취소·변경하거나 확인을 하거나 신청에 따른 처분을 할 수 있다.

3. 행정심판위원회의 처리

(1) 피청구인에 대한 심판청구서 부본 송달
지체 없이 피청구인에게 심판청구서 부본을 송부

(2) 청구인에 대한 답변서 송달
피청구인으로부터 답변서가 제출되면 답변서 부본을 청구인에게 송달

목차키워드 19 청구의 변경

목차연결

- Ⅰ. 의의
- Ⅱ. 청구변경의 유형
  1. 일반적 청구의 변경
  2. 처분변경으로 인한 청구의 변경
- Ⅲ. 청구변경의 절차
  1. 서면에 의한 신청과 송달
  2. 의견제출
- Ⅳ. 청구변경의 결정
  1. 결정서의 송달
  2. 이의신청
- Ⅴ. 청구변경의 효력

Ⅰ 의의

행정심판청구 후 청구인이 당초 청구한 행정심판사항에 대해 청구의 취지나 청구이유를 변경하는 것

Ⅱ 청구변경의 유형

1. 일반적 청구의 변경

청구인은 청구의 기초에 변경이 없는 범위 안에서 청구의 취지 또는 이유를 변경

2. 처분변경으로 인한 청구의 변경

① 피청구인이 새로운 처분을 하거나 심판청구의 대상인 처분을 변경한 경우
② 새로운 처분이나 변경된 처분에 맞추어 청구의 취지나 이유를 변경한 경우

Ⅲ 청구변경의 절차

1. 서면에 의한 신청과 송달

① 서면으로 신청
② 피청구인과 참가인의 수만큼 청구변경신청서 부본 제출
③ 위원회는 청구변경신청서 부본을 피청구인과 참가인에게 송달

2. 의견제출

위원회는 기간을 정하여 피청구인과 참가인에게 청구변경신청에 대한 의견을 제출하도록 할 수 있으며, 피청구인과 참가인이 그 기간에 의견을 제출하지 아니하면 의견이 없는 것으로 본다.

Ⅳ 청구변경의 결정

1. 결정서의 송달

① 위원회는 청구변경허가 여부를 결정
② 지체 없이 신청인에게는 결정서 정본, 당사자 및 참가인에게는 결정서 등본 송달

2. 이의신청

결정서 정본의 송달을 받은 날부터 7일 이내

Ⅴ 청구변경의 효력

청구의 변경결정이 있으면 처음 행정심판이 청구되었을 때부터 변경된 청구의 취지나 이유로 행정심판이 청구된 것으로 본다.

목차키워드 20 집행정지

목차연결

I. 서설
 1. 집행부정지원칙
 2. 집행정지
II. 집행정지의 요건
 1. 의의
 2. 요건
  (1) 적극적 요건
  (2) 소극적 요건
 3. 집행정지대상인 처분
  (1) 정지대상인 처분의 존재
  (2) 거부처분에 대한 집행정지
  (3) 집행정지결정의 대상
III. 집행정지결정의 절차
 1. 신청
  (1) 집행정지신청
  (2) 집행정지결정의 취소신청
  (3) 서면제출
 2. 위원장의 직권결정
 3. 결정서 정본 송달
 4. 집행정지결정의 취소
IV. 집행정지결정의 효력
 1. 형성력
 2. 시간적 효력

Ⅰ 서설

1. 집행부정지원칙

심판청구는 처분의 효력이나 그 집행 또는 절차의 속행(續行)에 영향을 주지 아니한다.

2. 집행정지

① 집행부정지의 원칙은 국민의 권리구제가 제한되거나 경시된다는 문제점이 있음
② 위원회가 일정한 요건하에 예외적 집행정지결정

Ⅱ 집행정지의 요건

1. 의의
처분의 효력이나 집행 또는 절차의 속행을 정지

2. 요건

(1) 적극적 요건
① 집행정지대상인 처분 존재, ② 적법한 심판청구의 계속, ③ 중대한 손해가 생기는 것을 예방할 필요성, ④ 긴급성

(2) 소극적 요건
집행정지처분으로 인하여 공공복리에 중대한 영향을 미칠 우려가 없을 것

3. 집행정지대상인 처분

(1) 정지대상인 처분의 존재
① 처분 전, 부작위, 처분이 소멸된 후 집행정지(×)
② 의무이행심판은 집행정지(×)

(2) 거부처분에 대한 집행정지
인정 여부 견해대립, 판례 부정

(3) 집행정지결정의 대상
① 처분의 효력이나 집행 또는 그 절차의 속행의 전부 또는 일부
② 처분의 효력정지는 처분의 집행이나 절차의 속행을 정지함으로써 그 목적을 달성할 수 있을 때에는 허용되지 않는다.

Ⅲ 집행정지결정의 절차

1. 신청

(1) 집행정지신청
심판청구와 동시 또는 심판청구에 대한 위원회나 소위원회의 의결이 있기 전까지

(2) 집행정지결정의 취소신청

집행정지결정의 취소신청은 심판청구에 대한 위원회나 소위원회의 의결이 있기 전까지

(3) 서면제출

신청의 취지와 원인을 적은 서면을 위원회에 제출

2. 위원장의 직권결정

위원회의 심리·결정을 기다릴 경우 중대한 손해가 생길 우려가 있다고 인정되면 위원장은 직권으로 결정 가능

3. 결정서 정본 송달

위원회는 결정 후 지체 없이 당사자에게 결정서 정본을 송달

4. 집행정지결정의 취소

① 위원회는 집행정지를 결정한 후 집행정지가 공공복리에 중대한 영향을 미치거나 그 정지 사유가 없어진 경우
② 직권으로 또는 당사자의 신청에 의하여 집행정지결정을 취소

Ⅳ 집행정지결정의 효력

1. 형성력

① 효력정지결정으로 처분의 효력 전부 또는 일부가 정지되는 효력발생
② 제3자에게도 효력(○)

2. 시간적 효력

① 집행정지결정의 주문에 정하여진 시기까지
② 주문에 정함이 없는 때에는 재결이 확정될 때까지

21 거부처분에 대한 집행정지

2022년 제10회, 2023년 제11회 기출

목차연결

I. 집행정지
1. 의의
2. 집행정지결정의 요건
 (1) 적극적 요건
 (2) 소극적 요건
II. 거부처분에 대한 집행정지
1. 쟁점
2. 견해대립
 (1) 부정설
 (2) 예외적 긍정설
 (3) 긍정설
3. 판례
III. 결어

I 집행정지

1. 의의

처분의 효력이나 집행 또는 절차의 속행을 정지

2. 집행정지결정의 요건

(1) 적극적 요건

① 집행정지대상인 처분 존재, ② 적법한 심판청구의 계속, ③ 중대한 손해가 생기는 것을 예방할 필요성, ④ 긴급성

(2) 소극적 요건

집행정지처분으로 인하여 공공복리에 중대한 영향을 미칠 우려가 없을 것

Ⅱ 거부처분에 대한 집행정지

1. 쟁점

집행정지의 대상인 처분과 관련 거부처분에 대해 집행정지가 가능한지에 대해서 견해대립

2. 견해대립

(1) 부정설

거부처분 자체는 권익을 제한하거나 의무를 부과하는 불이익 처분이라 볼 수 없고, 거부처분에 대해 집행정지를 하더라도 거부처분이 행하여지지 아니한 상태가 회복될 뿐 행정청이 신청에 따른 처분을 할 의무를 부담하지 않으므로 집행정지의 실익이 없다.

(2) 예외적 긍정설

원칙적으로 인정되지 않지만 거부처분의 집행정지에 의하여 거부처분이 행하여지지 아니한 상태로 복귀됨에 따라 신청인에게 어떠한 법적 이익이 있다고 인정되는 예외적 경우에는 이를 인정하여야 한다.

(3) 긍정설

집행정지결정에는 기속력이 인정되므로 거부처분의 집행정지에 따라 행정청에게 잠정적인 재처분의무가 생긴다고 볼 수 있어 거부처분의 집행정지의 이익이 있다.

3. 판례

판례는 부정설의 입장에 따라 일률적으로 거부처분에 대한 집행정지 부정

Ⅲ 결어

거부처분은 그 자체를 침익적 처분으로 볼 수 없고 거부처분에 대해서는 임시처분이 가능하다는 점에서 부정설

22 임시처분 2016년 제4회 기출

목차연결

Ⅰ. 서설
 1. 의의
 2. 집행정지에 대한 보충성
Ⅱ. 임시처분의 요건
 1. 적극적 요건
 2. 소극적 요건
Ⅲ. 임시처분의 절차
 1. 신청
  (1) 신청
  (2) 임시처분결정의 취소신청
  (3) 서면제출
 2. 위원장의 직권결정
 3. 결정서 정본 송달
 4. 집행정지결정의 취소

Ⅰ 서설

1. 의의

임시처분이란 처분 또는 부작위에 대하여 인정되는 임시지위를 정하는 가구제이다. 임시처분은 의무이행심판에 의한 권리구제의 실효성을 보장하기 위한 제도이다.

2. 집행정지에 대한 보충성

① 임시처분은 집행정지와의 관계에서 보충적 구제수단
② 거부처분이나 부작위에 대한 유일한 행정심판법상의 가구제 제도

Ⅱ 임시처분의 요건

1. 적극적 요건

① 처분 또는 부작위가 위법·부당하다고 상당히 의심될 것
② 당사자가 받을 우려가 있는 중대한 불이익이나 당사자에게 생길 급박한 위험의 방지의 필요성
③ 임시지위를 정할 필요성의 존재

2. 소극적 요건

① 집행정지처분으로 인하여 공공복리에 중대한 영향을 미칠 우려가 없을 것
② 집행정지로 목적달성이 가능하지 않을 것

Ⅲ 임시처분의 절차

1. 신청

(1) **신청**

심판청구와 동시 또는 심판청구에 대한 위원회나 소위원회의 의결이 있기 전까지

(2) **임시처분결정의 취소신청**

임시처분결정의 취소신청은 심판청구에 대한 위원회나 소위원회의 의결이 있기 전까지

(3) **서면제출**

신청의 취지와 원인을 적은 서면을 위원회에 제출

2. 위원장의 직권결정

위원회의 심리·결정을 기다릴 경우 중대한 손해가 생길 우려가 있다고 인정되면 위원장은 직권으로 결정 가능

3. 결정서 정본 송달

위원회는 결정 후 지체 없이 당사자에게 결정서 정본을 송달

4. 집행정지결정의 취소

① 위원회는 임시처분을 결정한 후 집행정지가 공공복리에 중대한 영향을 미치거나 그 정지 사유가 없어진 경우
② 직권으로 또는 당사자의 신청에 의하여 집행정지결정을 취소

23 직권심리주의

목차연결

Ⅰ. 서설
 1. 직권심리의 의의
 2. 「행정심판법」상 직권심리
Ⅱ. 직권탐지
 1. 의의
 2. 신청범위 내 인정
Ⅲ. 직권증거조사
 1. 증거조사의 방법
 2. 증거조사의 촉탁
 3. 증표의 제시
 4. 협조의무

Ⅰ 서설

1. 직권심리의 의의

심리에 있어서 심판기관이 당사자의 사실의 주장에 근거하지 않거나 그 주장에 구속되지 않고 적극적으로 직권으로 필요한 사실의 탐지 또는 증거조사를 행하는 원칙

2. 「행정심판법」상 직권심리

「행정심판법」은 '직권탐지'와 '직권증거조사'를 인정

Ⅱ 직권탐지

1. 의의

위원회는 필요하면 당사자가 주장하지 아니한 사실에 대하여도 심리

2. 신청범위 내 인정

위원회의 직권탐지는 불고불리의 원칙상 당사자가 신청한 사항에 대하여 신청의 범위 내에서만 가능

Ⅲ 직권증거조사

1. 증거조사의 방법

위원회는 사건을 심리하기 위하여 필요하면 직권으로 또는 당사자의 신청에 의해 증거조사

> 1. 당사자나 관계인(관계행정기관 소속 공무원을 포함한다. 이하 같다)을 위원회의 회의에 출석하게 하여 신문(訊問)하는 방법
> 2. 당사자나 관계인이 가지고 있는 문서·장부·물건 또는 그 밖의 증거자료의 제출을 요구하고 영치(領置)하는 방법
> 3. 특별한 학식과 경험을 가진 제3자에게 감정을 요구하는 방법
> 4. 당사자 또는 관계인의 주소·거소·사업장이나 그 밖의 필요한 장소에 출입하여 당사자 또는 관계인에게 질문하거나 서류·물건 등을 조사·검증하는 방법

2. 증거조사의 촉탁

위원회가 소속된 행정청의 직원이나 다른 행정기관에 촉탁하여 증거조사 가능

3. 증표의 제시

증거조사를 수행하는 사람은 그 신분을 나타내는 증표를 지니고 이를 당사자나 관계인에게 제시

4. 협조의무

당사자 등은 위원회의 조사나 요구 등에 성실하게 협조

처분사유의 추가·변경

2017년 제5회, 2021년 제9회 기출

목차연결

Ⅰ. 의의
Ⅱ. 인정 여부
 1. 문제점
 2. 견해대립
  (1) 기본적 사실관계 동일성설
  (2) 소송물 기준설
  (3) 개별적 기준설
 3. 판례
 4. 결어
Ⅲ. 기본적 사실관계의 동일성의 의미
Ⅳ. 허용시기

Ⅰ 의의

행정청이 처분을 하면서 처분사유를 밝힌 후 당해 처분에 대한 심판의 계속 중 처분 당시 제시된 처분사유를 변경하거나 다른 사유를 추가하는 것

Ⅱ 인정 여부

1. 문제점

「행정심판법」에 명문의 인정규정이 없다는 점에서 인정 여부에 대한 견해대립

2. 견해대립

(1) 기본적 사실관계 동일성설

기본적 사실관계의 동일성이 유지되는 한도 내에서 처분사유의 추가·변경을 인정한다는 견해

(2) 소송물 기준설

소송물의 변경이 없는 한 처분사유의 추가·변경을 인정해야 한다는 견해

(3) 개별적 기준설
처분의 유형 및 심판의 유형에 따라 허용범위가 달라진다는 견해

3. 판례
① 일반적으로 기본적 사실관계의 동일성이 유지되는 한도 내에서 처분사유의 추가·변경을 인정
② 과세처분에 대해서는 소송물의 범위 내에서 기본적 사실관계의 동일성이라는 제한 없이 처분사유의 추가·변경 인정

4. 결어
분쟁의 일회적 해결의 필요성과 심판청구인의 예기치 못한 불이익을 방지해야 할 필요성을 균형 있게 조절해야 한다는 점에서 기본적 사실관계 동일성설이 타당하다고 본다.

Ⅲ 기본적 사실관계의 동일성의 의미

처분사유를 법률적으로 평가하기 이전의 구체적 사실에 착안하여 그 기초인 사회적 사실관계가 기본적인 점에서 동일한지에 따라 결정

Ⅳ 허용시기

사실심변론종결시까지만 허용

목차키워드 25 「행정심판법」상 조정

목차연결

Ⅰ. 제도의 취지
Ⅱ. 조정절차
 1. 위원회의 조정
  (1) 조정요건
   1) 적극적 요건
   2) 소극적 요건
  (2) 위원회의 설명
 2. 조정의 성립
 3. 송달
Ⅲ. 조정의 효력
 1. 효력발생시기
 2. 기속력
 3. 재심판청구 금지

Ⅰ 제도의 취지

양 당사자 간의 합의가 가능한 사건의 경우 행정심판위원회의 조정하는 절차를 통하여 갈등을 조기에 해결

Ⅱ 조정절차

1. 위원회의 조정

(1) **조정요건**

1) **적극적 요건**

① 당사자의 권리 및 권한의 범위 내일 것
② 당사자의 동의를 받을 것
③ 심판청구의 신속하고 공정한 해결의 필요성

2) **소극적 요건**

조정이 공공복리에 적합하지 않거나 해당 처분의 성질에 반하는 것이 아닐 것

(2) 위원회의 설명
위원회는 조정의 이유와 취지를 설명하여야 한다.

2. 조정의 성립
당사자가 합의한 사항을 조정서에 기재한 후 당사자가 서명 또는 날인하고 위원회가 이를 확인함으로써 성립

3. 송달
① 위원회는 지체 없이 당사자에게 조정서의 정본을 송달
② 위원회는 재결서의 등본을 지체 없이 참가인에게 송달
③ 제3자가 심판청구를 한 경우 위원회는 재결서의 등본을 지체 없이 피청구인을 거쳐 처분의 상대방에게 송달

Ⅲ 조정의 효력

1. 효력발생시기
조정은 청구인에게 조정서가 송달되었을 때에 그 효력발생

2. 기속력
조정은 피청구인과 그 밖의 관계행정청을 기속, 위원회의 직접 처분, 위원회의 간접강제 준용

3. 재심판청구 금지
조정이 있으면 그 조정 및 같은 처분 또는 부작위에 대하여 다시 행정심판청구 불가

목차키워드 26 「행정심판법」상 재결절차

목차연결

I. 재결절차
 1. 재결기간
 2. 재결의 방식
II. 재결의 범위
 1. 불고불리의 원칙
 2. 불이익변경금지의 원칙
III. 재결의 효력발생
 1. 재결서 송달
 2. 재결의 효력발생시기

I 재결절차

1. 재결기간

① 심판청구서를 받은 날부터 60일 이내
② 부득이한 사정이 있는 경우에는 위원장이 직권으로 30일을 연장
③ 재결 기간을 연장할 경우 재결 기간이 끝나기 7일 전까지 당사자에게 통지

2. 재결의 방식

① 서면
② 이유에는 주문 내용이 정당하다는 것을 인정할 수 있는 정도의 판단을 표시

II 재결의 범위

1. 불고불리의 원칙

심판청구의 대상이 되는 처분 또는 부작위 외의 사항은 재결하지 못함

2. 불이익변경금지의 원칙

심판의 대상이 되는 처분보다 청구인에게 불이익한 재결 금지

Ⅲ 재결의 효력발생

1. 재결서 송달

① 위원회는 지체 없이 당사자에게 조정서의 정본을 송달
② 위원회는 재결서의 등본을 지체 없이 참가인에게 송달
③ 제3자가 심판청구를 한 경우 위원회는 재결서의 등본을 지체 없이 피청구인을 거쳐 처분의 상대방에게 송달

2. 재결의 효력발생시기

청구인에게 재결서 정본이 송달되었을 때에 그 효력발생

27 재결의 종류

목차연결

Ⅰ. 재결의 개념
Ⅱ. 재결의 종류
  1. 각하재결
  2. 기각재결
  3. 인용재결
Ⅲ. 인용재결의 종류
  1. 취소심판 2020년 제8회 기출
    (1) 인용재결의 종류
    (2) 적극적 변경재결
  2. 무효등확인심판
  3. 의무이행심판
    (1) 인용재결의 종류
    (2) 처분재결과 처분명령재결의 선택
    (3) 특정처분명령재결과 일정처분명령재결
      1) 기속행위
      2) 재량행위
Ⅳ. 사정재결
  1. 의의
  2. 주문에 위법·부당 명시
  3. 사정재결에 대한 구제조치
  4. 적용범위

Ⅰ 재결의 개념

행정심판의 청구에 대하여 행정심판위원회가 행하는 판단

Ⅱ 재결의 종류

1. 각하재결

심판청구의 제기요건에 흠결이 있는 경우에 심판청구가 부적법하여 본안심리를 거절하는 재결

2. 기각재결

① 본안심리의 결과, 청구인의 심판청구가 이유 없어 원처분을 적법하게 보는 재결
② 기각재결에는 기속력이 없으므로 위원회의 기각재결이 있다고 하더라도 처분청은 당해 처분을 직권으로 취소·변경 가능

3. 인용재결

본안심리의 결과 청구인의 청구가 이유 있다고 인정하여 청구의 취지를 받아들이는 재결

Ⅲ 인용재결의 종류

1. 취소심판 2020년 제8회 기출

(1) 인용재결의 종류

취소재결, 처분변경재결, 처분변경명령재결, 취소명령재결(×)

(2) 적극적 변경재결

소극적 일부취소뿐만 아니라 적극적으로 원처분에 갈음한 새로운 처분도 가능

2. 무효등확인심판

처분의 효력 유무 또는 처분의 존재 여부를 확인

3. 의무이행심판

(1) 인용재결의 종류

처분재결, 처분명령재결

(2) 처분재결과 처분명령재결의 선택

① 원칙적 처분명령재결을 해야 하고 예외적 처분재결을 해야 한다는 견해와 위원회의 선택재량이 인정된다는 견해의 대립
② 실무상으로는 처분명령재결을 하고 있고, 처분재결은 극히 예외적으로 인정

(3) 특정처분명령재결과 일정처분명령재결

1) 기속행위

청구인의 청구내용대로의 처분을 하거나 이를 할 것을 명령

2) 재량행위

재결 시를 기준으로 특정처분을 해야 할 것이 명백한 경우에는 신청대로 처분하도록 명령, 명백하지 않다면 재량권의 일탈·남용 및 부당을 명시하여 하자 없는 재량행사를 명하는 재결

Ⅳ 사정재결

1. 의의

위원회는 심판청구가 이유가 있다고 인정하는 경우에도 이를 인용하는 것이 공공복리에 크게 위배된다고 인정하면 그 심판청구를 기각하는 재결

2. 주문에 위법·부당 명시

재결의 주문에 그 처분 또는 부작위가 위법하거나 부당하다는 것을 구체적으로 밝혀야 한다.

3. 사정재결에 대한 구제조치

위원회는 사정재결을 할 때에는 청구인에 대하여 상당한 구제방법을 취하거나 상당한 구제방법을 취할 것을 피청구인에게 명할 수 있다.

4. 적용범위

취소심판과 의무이행심판(○), 무효등확인심판(×)

28 재결의 기준시

> **목차연결**
> Ⅰ. 의의
> Ⅱ. 재결의 시간적 기준
> 　1. 취소심판과 무효등확인심판
> 　2. 의무이행심판
> 　　(1) 부작위의 위법성
> 　　(2) 거부처분의 위법·부당성
> 　　　1) 거부처분 후 사정변경이 없는 경우
> 　　　2) 거부처분 후 사정변경이 있는 경우

Ⅰ 의의

처분에 대한 위법·부당성을 판단하는 시간적 기준

Ⅱ 재결의 시간적 기준

1. 취소심판과 무효등확인심판

처분 시가 기준

2. 의무이행심판

(1) 부작위의 위법성

부작위의 위법성은 재결 시가 기준

(2) 거부처분의 위법·부당성

1) 거부처분 후 사정변경이 없는 경우

거부처분 시가 기준

2) 거부처분 후 사정변경이 있는 경우

거부처분 시를 기준으로 할 것인지 재결 시를 기준으로 할 것인지 견해대립

① **재결시설**: 의무이행심판의 심리의 핵심은 과거에 있는 거부처분의 위법·부당을 판단하는 것이 아닌 재결시점에서 거부처분을 계속 유지하는 것이 위법·부당한지를 판단하는 데에 있으므로 재결을 하는 시점에서 해당 거부처분이 위법 또는 부당한지 여부를 판단해야 한다.
② **거부처분시설**: 의무이행심판도 항고심판으로 처분청의 위법한 처분에 대한 사후적 통제를 목적으로 하므로 거부행위의 위법판단의 기준시를 거부행위 시로 보는 것이 타당하다.
③ **결어**: 의무이행심판은 취소심판과 달리 위법한 거부처분에 대한 종국적 처분을 이행시키는 것을 목적으로 한다는 점에서 재결시설이 타당하다.

29 재결의 기속력 일반

목차연결

I. 의의
II. 내용
 1. 반복금지의무(부작위의무)
 2. 재처분의무(적극적 의무)
 3. 결과제거의무(원상회복의무)
III. 기속력의 범위
 1. 주관적 범위
 2. 객관적 범위 2018년 제6회, 2022년 제10회 기출
 3. 시간적 범위

I 의의

① 피청구인인 행정청이나 관계행정청으로 하여금 재결의 취지에 따라 행동할 의무를 발생시키는 효력
② 인용재결에서 인정

II 내용

1. 반복금지의무(부작위의무)

① 인용재결의 내용에 모순되는 내용의 동일한 처분을 동일한 사실관계하에서 반복할 수 없다.
② 재결에 적시된 위법사유를 시정·보완한 처분이라면 재결의 기속력에 저촉되지 않는다.

2. 재처분의무(적극적 의무)

① 거부처분이 취소되거나 무효 또는 부존재로 확인되는 경우 행정청은 재결의 취지에 따라 다시 이전의 신청에 대한 처분을 하여야 한다.
② 거부하거나 부작위에 대해 처분의 이행을 명하는 재결이 있으면 행정청은 지체 없이 이전의 신청에 대하여 재결의 취지에 따라 처분을 하여야 한다.

3. 결과제거의무(원상회복의무)

처분의 취소재결 또는 무효확인재결이 있는 경우 행정청은 본래의 처분에 의해 발생한 상태를 제거할 의무를 진다.

Ⅲ 기속력의 범위

1. 주관적 범위

피청구인인 행정청과 그 밖의 관계행정청을 기속

2. 객관적 범위 2018년 제6회, 2022년 제10회 기출

재결의 주문 및 그 전제가 되는 요건사실의 인정과 효력의 판단에만 미침

3. 시간적 범위

취소재결의 경우 처분 시를 기준으로, 의무이행재결의 재결 시의 사실관계나 법령을 전제로 기속

30 거부처분의 인용재결의 기속력

목차연결

I. 의의
II. 내용
 1. 반복금지의무(부작위의무)
 2. 재처분의무(적극적 의무)
 3. 결과제거의무(원상회복의무)
III. 재처분의무에 대한 이행강제
 1. 간접강제
  (1) 의의
  (2) 인정범위
 2. 직접처분
  (1) 의의
  (2) 인정범위

I 의의

① 피청구인인 행정청이나 관계행정청으로 하여금 재결의 취지에 따라 행동할 의무를 발생시키는 효력
② 인용재결에서 인정

II 내용

1. 반복금지의무(부작위의무)

① 인용재결의 내용에 모순되는 내용의 동일한 처분을 동일한 사실관계하에서 반복할 수 없다.
② 재결에 적시된 위법사유를 시정·보완한 처분이라면 재결의 기속력에 저촉되지 않는다.

2. 재처분의무(적극적 의무)

① 거부처분이 취소되거나 무효 또는 부존재로 확인되는 경우 행정청은 재결의 취지에 따라 다시 이전의 신청에 대한 처분을 하여야 한다.
② 거부하거나 부작위에 대해 처분의 이행을 명하는 재결이 있으면 행정청은 지체 없이 이전의 신청에 대하여 재결의 취지에 따라 처분을 하여야 한다.

3. 결과제거의무(원상회복의무)

처분의 취소재결 또는 무효확인재결이 있는 경우 행정청은 본래의 처분에 의해 발생한 상태를 제거할 의무를 진다.

Ⅲ 재처분의무에 대한 이행강제

1. 간접강제

(1) **의의**

위원회는 피청구인이 재처분의무를 이행하지 않는 경우 청구인의 신청에 의하여 결정으로 상당한 기간을 정하고 피청구인이 그 기간 내에 이행하지 아니하는 경우에는 그 지연기간에 따라 일정한 배상을 하도록 명하거나 즉시 배상을 할 것을 명할 수 있다.

(2) **인정범위**

거부처분에 대한 취소재결, 무효 또는 부존재확인재결, 이행명령재결에 대해 재처분의무를 이행하지 않는 경우 인정

2. 직접처분

(1) **의의**

위원회는 피청구인이 이행명령재결에도 불구하고 처분을 하지 아니하는 경우에는 당사자가 신청하면 기간을 정하여 서면으로 시정을 명하고 그 기간에 이행하지 아니하면 직접 처분을 할 수 있다. 다만, 그 처분의 성질이나 그 밖의 불가피한 사유로 위원회가 직접 처분을 할 수 없는 경우에는 그러하지 아니하다.

(2) **인정범위**

거부나 부작위에 대한 의무이행심판에 대해 이행명령재결에 대해서만 인정

31 직접처분과 간접강제

목차연결

Ⅰ. 직접처분
1. 의의
2. 성질
3. 인정범위
4. 요건
Ⅱ. 간접강제
1. 의의
2. 요건
3. 간접강제결정의 변경
4. 의견청취
5. 불복

Ⅰ 직접처분

1. 의의

행정청이 처분명령재결의 취지에 따라 이전의 신청에 대한 처분을 하지 아니하는 때 위원회가 당해 처분을 직접 행하는 것

2. 성질

처분명령재결의 실효성을 확보하기 위한 행정심판작용이면서 동시에 행정처분으로서 성질

3. 인정범위

처분청이 의무이행재결(처분명령재결)에 따른 처분을 하지 않는 경우에 인정

4. 요건

① 처분이행명령재결이 있었을 것
② 당사자의 신청이 있을 것
③ 위원회가 기간을 정하여 시정명령을 하였을 것
④ 해당 행정청이 그 기간 내에 시정명령을 이행하지 아니하였을 것
⑤ 위원회가 직접처분을 할 수 없는 경우에 해당하지 않을 것

Ⅱ 간접강제

1. 의의

행정청의 거부나 부작위에 대한 인용재결에 의해 행정청이 재처분의무를 이행하지 않는 경우 손해배상을 통해 이행을 강제하는 것

2. 요건

① 거부나 부작위에 대한 취소재결 등이나 의무이행명령재결이 있을 것
② 청구인의 신청이 있을 것
③ 위원회의 배상명령(상당기간 경과에 대한 지연배상 또는 즉시배상)

3. 간접강제결정의 변경

위원회는 사정의 변경이 있는 경우에는 당사자의 신청에 의하여 간접강제결정의 내용을 변경 가능

4. 의견청취

위원회는 간접강제결정 또는 간접강제결정의 변경의 경우 신청 상대방의 의견을 들어야 한다.

5. 불복

청구인은 간접강제결정 또는 간접강제결정의 변경결정에 대해 행정소송 제기 가능

32 고지

목차연결

I. 서설
1. 의의
2. 법적 성질
II. 고지의 종류
1. 직권에 의한 고지
 (1) 고지의 상대방
 (2) 고지의 대상
 (3) 고지의 내용
 (4) 고지의 방식과 시기
  1) 방식
  2) 시기
2. 요구에 의한 고지
 (1) 요구권자
 (2) 고지의 대상
 (3) 고지의 내용
 (4) 고지의 방식과 시기
  1) 방식
  2) 시기

I 서설

1. 의의

행정청이 처분을 할 때 처분의 상대방이나 이해관계인에게 행정심판에 관한 것을 알려 주는 것

2. 법적 성질

① 비권력적 사실행위
② 행정청이 고지의무를 이행하지 않아도 당해 처분 자체의 효력 영향 없음

Ⅱ 고지의 종류

1. 직권에 의한 고지

(1) 고지의 상대방

처분의 상대방(○), 이해관계인은 아니지만 직권고지 가능

(2) 고지의 대상

① 대상되는 처분은 서면으로 행해지는 경우에 한하지 않음
② 「행정심판법」상 처분뿐만 아니라 다른 개별법령에 의한 심판청구의 대상이 되는 경우도 포함

(3) 고지의 내용

① 행정심판을 청구할 수 있는지, ② 심판청구절차, ③ 심판청구 기간

(4) 고지의 방식과 시기

1) 방식

서면 또는 말

2) 시기

원칙 처분을 할 때

2. 요구에 의한 고지

(1) 요구권자

처분의 이해관계인

(2) 고지의 대상

① 대상되는 처분은 서면으로 행해지는 경우에 한하지 않음
② 「행정심판법」상 처분뿐만 아니라 다른 개별법령에 의한 심판청구의 대상이 되는 경우도 포함

(3) 고지의 내용

① 해당 처분이 행정심판의 대상이 되는 처분인지, ② 행정심판의 대상이 되는 경우 소관 위원회, ③ 심판청구 기간

(4) 고지의 방식과 시기

1) **방식**
① 서면 또는 말
② 서면으로 알려줄 것을 요구받은 때에는 서면

2) **시기**
고지를 요구받은 경우 지체 없이 고지

MEMO

행정사
임병주 행정사실무법

PART
02

비송사건절차법

01 비송사건과 소송사건의 구별

> **목차연결**
> Ⅰ. 비송사건의 의의
> Ⅱ. 형식적 의미의 비송사건
>   1. 의의
>   2. 「비송사건절차법」상 비송사건
> Ⅲ. 실질적 의미의 비송사건
>   1. 비송사건과 소송사건의 구별 2021년 제9회 기출
>   2. 학설
>   (1) 소송사건
>   (2) 비송사건
>   3. 판례
>   4. 결어

Ⅰ 비송사건의 의의

법원의 관할에 속하는 민사사건 가운데 사인의 생활관계의 후견적 감독을 대상으로 하는 사건, 민사사건 가운데 소송절차에 의하지 않는 사건

Ⅱ 형식적 의미의 비송사건

1. 의의

「비송사건절차법」에 규정된 사건과 그 총칙 규정의 적용 또는 준용을 받는 사건

2. 「비송사건절차법」상 비송사건

'민사비송사건'으로 법인, 신탁, 재판상의 대위, 공탁, 법인의 등기, 부부재산 약정의 등기에 관한 사건과 '상사비송사건'으로 회사와 경매, 사채, 회사의 청산 등

Ⅲ 실질적 의미의 비송사건

1. 비송사건과 소송사건의 구별 2021년 제9회 기출

비송사건과 소송사건의 구별에 관해 견해대립

2. 학설

(1) 소송사건

법원의 행위를 기준으로 민사에 관한 사항의 처리에 있어서 법원의 판단기준을 단순히 적용하여 권리·의무의 존부를 판단하는 것

(2) 비송사건

법원이 사인의 생활관계에 후견적으로 개입하여 가장 합목적적이라고 생각하는 바에 따라 처리하도록 맡긴 사항

3. 판례

사건마다 조금씩 다르지만 법원의 합목적적 재량과 절차의 간이·신속의 필요성이라는 비송사건의 특성을 기준으로 합목적적으로 판단

4. 결어

① 법률의 규정이 명확하지 않은 한, 비송사건과 소송사건의 구별은 반드시 절대적인 것이 아님
② 사건의 특성상 비송사건의 특성이 강하게 요구되느냐에 따라 구별

02 비송사건과 민사소송의 차이 2021년 제9회 기출

목차연결

I. 비송사건의 의의
II. 비송사건과 민사소송의 차이
1. 절차의 개시와 취하
　(1) 민사소송
　(2) 비송사건
2. 심리방식
　(1) 민사소송
　(2) 비송사건
3. 자료의 수집
　(1) 민사소송
　(2) 비송사건
4. 재판의 형식과 효력
　(1) 민사소송
　(2) 비송사건
5. 재판의 불복
　(1) 민사소송
　(2) 비송사건
6. 기판력(기속력)
　(1) 민사소송
　(2) 비송사건

I 비송사건의 의의

법원의 관할에 속하는 민사사건 가운데 사인의 생활관계의 후견적 감독을 대상으로 하는 사건, 민사사건 가운데 소송절차에 의하지 않는 사건

Ⅱ 비송사건과 민사소송의 차이

1. 절차의 개시와 취하

(1) 민사소송
① 절차의 개시는 당사자의 신청이 필요
② 당사자는 소의 취하를 통해 절차 종료 가능

(2) 비송사건
① 절차개시는 사건에 따라 당사자의 신청에 의하는 경우, 검사의 청구 또는 법원의 직권으로 개시되는 경우가 있음
② 직권주의가 인정되는 경우 사건을 취하 불가, 당사자의 신청에 의한 경우에도 사건의 취하가 인정되지만 청구포기·인낙이 인정되지 않음

2. 심리방식

(1) 민사소송
원고·피고 간의 대심구조, 공개된 법정에서 구술변론을 열어 양쪽 당사자에게 충분한 주장·증명의 기회를 보장(필수적 변론)

(2) 비송사건
엄격한 대심구조(×), 비공개 원칙, 법원이 증인 또는 감정인의 심문에 관하여는 조서를 작성하고 기타의 심문에 관하여는 필요하다고 인정하는 경우에 한하여 조서작성

3. 자료의 수집

(1) 민사소송
① 원칙 당사자가 제출한 자료만이 재판의 기초, 당사자가 주장하지 않은 사실을 법원이 인정할 수 없음
② 당사자의 사실에 대한 자백이 있으면 법원 및 당사자를 구속

(2) 비송사건
① 법원이 당사자가 제출한 자료에 구속되지 않으며 직권으로 사실을 탐지 가능
② 당사자의 주장이나 자백에 구속되지 않으며 필요한 경우 증거조사

4. 재판의 형식과 효력

(1) 민사소송
① 판결
② 선고법원은 원칙적 자신들의 판결을 취소, 변경 불가

(2) 비송사건
① 결정
② 법원의 결정이 있은 후에도 결정이 위법·부당하다고 생각되는 경우 그 취소, 변경이 가능

5. 재판의 불복

(1) 민사소송
항소, 상고

(2) 비송사건
항고, 재항고

6. 기판력(기속력)

(1) 민사소송
① 확정된 종국판결 기판력(○)
② 판결로 확정된 사안과 동일한 사항에 대해 당사자는 소송으로 다툴 수 없고 법원도 그와 모순·저촉되는 판단을 할 수 없음

(2) 비송사건
① 기판력(×)
② 법원이 당사자의 신청을 받아들이지 않은 경우 당사자는 다시 이를 신청할 수 있고, 법원도 본래와 다른 결정 가능

목차키워드 03 비송사건의 특질 2019년 제7회 기출

목차연결

Ⅰ. 비송사건의 의의
Ⅱ. 비송사건의 특질
 1. 직권주의
  (1) 절차개시
  (2) 심판의 대상
  (3) 절차의 종결
 2. 변호사독점주의 비채택
 3. 직권탐지주의
 4. 비공개주의
 5. 재판의 기판력 결여
 6. 기속력의 제한
  (1) 재판의 직권취소·변경
  (2) 재판의 직권취소·변경 제한
 7. 간이주의
  (1) 간이한 진행
  (2) 이유제시
  (3) 조서작성
  (4) 재판의 고지

Ⅰ 비송사건의 의의

법원의 관할에 속하는 민사사건 가운데 사인의 생활관계의 후견적 감독을 대상으로 하는 사건, 민사사건 가운데 소송절차에 의하지 않는 사건

Ⅱ 비송사건의 특질

1. 직권주의

(1) 절차개시

법원이 공익적 입장에서 당사자의 신청이 없더라도 적극적으로 절차를 개시하는 경우가 있음

(2) **심판의 대상**
  ① 심판의 대상과 범위는 당사자의 신청에 구속되지 않음
  ② 법원은 당사자가 신청하지 아니한 경우라도 심판대상(○)

(3) **절차의 종결**
  ① 직권으로 절차가 개시되는 사건은 당사자에 의한 취하(×)
  ② 원칙적 청구포기·인낙·화해가 인정되지 않음

2. 변호사독점주의 비채택

소송능력자라면 누구나 소송행위 대리 가능

3. 직권탐지주의

법원은 직권으로 사실의 탐지와 필요하다고 인정하는 증거의 조사

4. 비공개주의

법원의 결정으로 하며 심문 원칙 비공개. 다만, 법원은 심문을 공개함이 적정하다고 인정하는 자에게 방청을 허가

5. 재판의 기판력 결여

  ① 기판력(×)
  ② 법원이 당사자의 신청을 받아들이지 않은 경우 당사자는 다시 이를 신청할 수 있고, 법원도 본래와 다른 결정 가능

6. 기속력의 제한

(1) **재판의 직권취소·변경**

법원은 재판을 한 후에 그 재판이 위법 또는 부당하다고 인정할 때에는 이를 취소하거나 변경 가능

(2) **재판의 직권취소·변경 제한**

  ① 신청에 의해서만 재판을 하여야 하는 경우 신청을 각하(却下)한 재판은 → 신청에 의하지 아니하고는 취소하거나 변경 불가
  ② 즉시항고로써 불복할 수 있는 재판은 취소하거나 변경 불가

7. 간이주의

(1) 간이한 진행
민사소송에 비하여 절차를 간이하게 진행하여 신속하게 사건을 결정

(2) 이유제시
① 비송사건의 재판에는 이유를 붙이지 않음
② 항고법원의 재판은 이유를 붙임

(3) 조서작성
증인 또는 감정인의 심문에 관하여는 조서작성, 그 밖의 심문에 관하여는 필요하다고 인정하는 경우에만 조서작성

(4) 재판의 고지
① 법원이 적당하다고 인정하는 방법
② 공시송달을 하는 경우에는 「민사소송법」의 규정에 따라 송달

04 토지관할 2015년 제3회 기출

목차연결

Ⅰ. 의의
Ⅱ. 일반적 관할
 1. 사건별 관할
 2. 기준
Ⅲ. 특칙
 1. 토지관할의 특칙
 2. 주소가 없거나 알지 못할 때
 3. 거소가 없거나 알지 못할 때
 4. 마지막 주소지가 없거나 알지 못할 때

Ⅰ 의의

소재지를 달리하는 동종의 법원 사이에서 소재지에 따라 재판권의 분담을 정하는 것

Ⅱ 일반적 관할

1. 사건별 관할

① 토지관할에 관한 일반적 규정 없음
② 각각의 사건마다 당사자와 법원의 편의를 고려하여 개별적으로 관할 규정

2. 기준

사람의 주소지, 주된 사무소 소재지, 물건소재지, 채무이행지, 소송계속지 등을 기준으로 사건별로 관할 규정

Ⅲ 특칙

1. 토지관할의 특칙
토지 관할이 주소에 의하여 정하여질 경우 특칙

2. 주소가 없거나 알지 못할 때
거소지의 지방법원

3. 거소가 없거나 알지 못할 때
마지막 주소지의 지방법원

4. 마지막 주소지가 없거나 알지 못할 때
재산이 있는 곳 또는 대법원이 있는 곳을 관할하는 지방법원

목차키워드 05 우선관할과 이송(재량이송) 2015년 제3회 기출

목차연결

I. 우선관할
1. 관할의 경합
2. 우선관할
   (1) 의의
   (2) 중복제소와 관계
   (3) 직권으로 절차가 개시되는 경우
II. 이송 2022년 제10회 기출
1. 적당한 법원으로 이송
2. 관할권이 없는 법원의 이송
3. 이송의 효력 2022년 제10회 기출
   (1) 다른 법원에 이송금지
   (2) 재판 계속의 효과
4. 불복

I 우선관할

1. 관할의 경합

① 관할법원이 여러 곳인 경우 당사자는 임의로 그 하나를 선택 가능
② 원칙적으로 다른 법원의 관할권이 소멸하는 것은 아니므로 이송 가능

2. 우선관할

(1) 의의

특별히 당사자가 최초로 선택하여 신청을 한 법원에만 관할권을 인정하는 경우

(2) 중복제소와 관계

① 동일한 사건의 신청을 2중으로 하는 것도 가능
② 우선관할에 의한 대응

(3) 직권으로 절차가 개시되는 경우

① 법원이 직권으로 절차를 개시한 경우의 우선관할에 관한 명문의 규정 없음
② 최초로 신청을 받거나 직권으로 절차를 개시한 법원만이 관할권을 가지는 것으로 해석

(Ⅱ) 이송 2022년 제10회 기출

1. 적당한 법원으로 이송

우선관할을 갖는 법원은 신청 또는 직권으로 적당하다고 인정하는 다른 관할법원에 그 사건을 이송 가능

2. 관할권이 없는 법원의 이송

우선관할로 인해 다른 법원은 해당 사건을 최초로 신청을 받은 관할법원에 이송

3. 이송의 효력 2022년 제10회 기출

(1) **다른 법원에 이송금지**

이송받은 법원은 이송결정에 따라야 한다. 소송을 이송받은 법원은 사건을 다시 다른 법원에 이송하지 못한다.

(2) **재판 계속의 효과**

이송결정이 확정된 때에는 소송은 처음부터 이송받은 법원에 계속(係屬)된 것으로 본다.

4. 불복

이송의 재판으로 인하여 권리를 침해당한 자는 그 재판에 대하여 항고(○)

06 관할의 지정 · 2015년 제3회 기출

목차연결
- I. 의의
- II. 관할의 지정
  1. 지정하는 상급법원
  2. 신청의 방식
  3. 불복신청

I 의의

여러 법원 사이의 토지관할에 관하여 의문이 있을 때 신청에 의하여 상급법원이 관할법원을 정하는 것

II 관할의 지정

1. 지정하는 상급법원

관할법원의 지정은 관계 법원에 공통되는 바로 위 상급법원이 결정

2. 신청의 방식

서면 또는 말

3. 불복신청

① 관할법원을 지정하는 결정에 대해서는 불복신청(×)
② 관할법원의 지정신청을 각하하는 결정에 대하여는 항고(○)

07 비송사건의 대리인 ²⁰²⁰년 제8회 기출

목차연결

Ⅰ. 비송사건 대리인의 자격 ²⁰²⁰년 제8회 기출
 1. 소송능력자
 2. 대리가 허용되지 않는 경우
  (1) 본인이 출석하도록 명령을 받은 경우
  (2) 법원의 대리금지·퇴정명령 ²⁰¹⁶년 제4회 기출
Ⅱ. 대리권의 증명 ²⁰²⁰년 제8회 기출
 1. 서면에 의한 증명
 2. 사문서에 의한 증명
 3. 증명제외
Ⅲ. 대리행위의 효력 ²⁰²⁰년 제8회 기출
 1. 유권대리의 효력
 2. 무권대리의 효력
Ⅳ. 대리권의 보정·추인
 1. 보정명령
  (1) 대리권에 흠결
  (2) 일시적 소송행위
 2. 흠의 추인
Ⅴ. 당사자의 사망과 비송대리권의 소멸
 1. 「민사소송법」 준용 여부
 2. 비송사건의 경우
  (1) 절차의 목적이 일신전속적인 경우
  (2) 일신전속이 아닌 경우

Ⅰ 비송사건 대리인의 자격 ²⁰²⁰년 제8회 기출

1. 소송능력자

소송능력자는 비송사건의 대리인 가능[변호사대리의 원칙(×)]

2. 대리가 허용되지 않는 경우

(1) 본인이 출석하도록 명령을 받은 경우

법원이 본인의 출석을 명령한 경우 대리하게 할 수 없다.

(2) 법원의 대리금지·퇴정명령 2016년 제4회 기출

① 법원은 변호사가 아닌 자로서 대리를 영업으로 하는 자의 대리를 금하고 퇴정(退廷)을 명할 수 있음
② 이 명령에 대하여는 불복신청 불가

Ⅱ 대리권의 증명 2020년 제8회 기출

1. 서면에 의한 증명

소송대리인의 권한은 서면으로 증명

2. 사문서에 의한 증명

① 서면이 사문서인 경우 그 진정성이 의심스러울 때에는 대리인의 권한을 증명하는 사문서에 관계 공무원 또는 공증인의 인증을 받아오도록 명령
② 이 명령에 대하여는 불복신청 불가

3. 증명제외

당사자가 말로 소송대리인을 선임하고, 법원사무관 등이 조서에 그 진술을 적어 놓은 경우에는 조서에 의하여 위임의 사실 증명

Ⅲ 대리행위의 효력 2020년 제8회 기출

1. 유권대리의 효력

비송대리인이 그 대리권의 범위 내에서 행한 비송행위는 직접 본인에게 효력

2. 무권대리의 효력

① 무권대리행위는 무효
② 무권대리행위가 신청인 경우 법원은 이를 부적법 각하
③ 법원이 부적법 사유를 간과하고 재판을 한 경우, 그 재판은 당연무효가 되는 것은 아니고, 재판으로 인하여 권리를 침해당한 자는 그 재판에 대하여 항고 가능

Ⅳ 대리권의 보정·추인

1. 보정명령

(1) 대리권에 흠결
소송능력, 법정대리권 또는 소송행위에 필요한 권한의 수여에 흠이 있는 경우에는 법원은 기간을 정하여 보정명령을 해야 한다.

(2) 일시적 소송행위
보정하는 것이 지연됨으로써 손해가 생길 염려가 있는 경우에는 법원은 보정하기 전의 당사자 또는 법정대리인으로 하여금 일시적으로 소송행위를 하게 할 수 있다.

2. 흠의 추인
소송능력, 법정대리권 또는 소송행위에 필요한 권한의 수여에 흠이 있는 사람이 소송행위를 한 뒤에 보정된 당사자나 법정대리인이 이를 추인(追認)한 경우에는, 그 소송행위는 이를 한 때에 소급하여 효력이 생긴다.

Ⅴ 당사자의 사망과 비송대리권의 소멸

1. 「민사소송법」 준용 여부
민사소송에서는 당사자가 사망하더라도 소송대리권은 소멸하지 않는다. 비송사건에서 이를 준용할 것인가가 문제된다.

2. 비송사건의 경우

(1) 절차의 목적이 일신전속적인 경우
절차는 종료

(2) 일신전속이 아닌 경우
당사자가 사망하더라도 비송사건의 대리권은 소멸하지 않음

08 비송사건의 절차개시 2020년 제8회 기출

목차연결

Ⅰ. 절차의 개시
Ⅱ. 신청사건
 1. 의의
 2. 신청의 방식
  (1) 서면 또는 말
  (2) 서면에 의한 신청
   1) 기재사항
   2) 기명날인 또는 서명
   3) 인지의 첨부
  (3) 말로 하는 신청
  (4) 부적법한 신청의 보정
Ⅲ. 직권사건
 1. 의의
 2. 절차의 개시
  (1) 법률규정에 의한 절차개시
  (2) 관할 관청의 통고
Ⅳ. 검사청구사건
 1. 의의
 2. 검사의 청구
 3. 법원의 통지

Ⅰ 절차의 개시

① 당사자의 신청에 의하여 개시되는 '신청사건', ② 법원이 직권으로 개시하는 '직권사건', ③ 검사의 청구에 의하여 개시되는 '검사청구사건'이 있다.

Ⅱ 신청사건

1. 의의

① 당사자의 신청에 의해서만 절차가 개시되는 사건
② 비송사건의 대부분은 신청사건

2. 신청의 방식

(1) 서면 또는 말
① 신청은 특별한 규정이 없는 한 서면 또는 말로 할 수 있음
② 특별한 규정에 의해 서면으로만 하여야 하는 경우 서면에 의함

(2) 서면에 의한 신청

1) 기재사항
① 신청인의 성명과 주소, ② 대리인에 의하여 신청할 때에는 대리인의 성명과 주소, ③ 신청의 취지와 그 원인이 되는 사실, ④ 신청 연월일, ⑤ 법원의 표시

2) 기명날인 또는 서명
신청서는 신청인이나 그 대리인이 기명날인하거나 서명

3) 인지의 첨부
신청서 인지 부착

(3) 말로 하는 신청
① 말로 하는 경우에는 법원사무관등의 앞에서 하여야 함
② 법원사무관등은 신청 또는 진술의 취지에 따라 조서 또는 그 밖의 서면을 작성한 뒤 기명날인 또는 서명
③ 인지 부착

(4) 부적법한 신청의 보정
기재사항에 흠이 있는 경우 상당한 기간을 정하여 보정을 명하고 보정에 응하지 않을 때 신청을 부적법 각하

(Ⅲ) 직권사건

1. 의의
① 당사자의 신청이 없더라도 법원이 일정한 처분을 하거나 또는 절차를 개시할 수 있는 사건
② 과태료사건이 대표적이며 그 외에 회사의 해산명령, 법원에 의한 청산인의 선임 또는 해임사건 등이 있음

2. 절차의 개시

(1) 법률규정에 의한 절차개시
그 사건을 알게 된 경위를 불문하고 즉시 절차를 개시

(2) 관할 관청의 통고
① 관할 관청의 통고 또는 통지는 법원의 직권발동을 촉구하는 의미에 불과
② 통고 또는 통지의 취하나 철회가 있더라도 법원은 절차를 개시하거나 계속 진행 가능

Ⅳ 검사청구사건

1. 의의
① 검사의 청구에 의하여 개시되는 사건
② 검사청구사건은 청구권자로서 검사만 규정한 경우는 없고 이해관계인의 청구나 법원의 직권을 절차개시요건으로 같이 규정

2. 검사의 청구
검사는 비송사건절차를 개시하여야 할 경우를 알게 되면 법원에 재판을 청구하여야 한다.

3. 법원의 통지
법원 등은 검사의 청구에 의하여 재판을 하여야 할 경우가 발생한 것을 알았을 때에는 그 사실을 관할법원에 대응한 검찰청 검사에게 통지

목차키워드 09 기일

2022년 제10회 기출

목차연결

I. 서설
  1. 의의
  2. 기일의 종류
II. 기일의 지정
  1. 기일의 지정권자
  2. 재판장의 직권
  3. 기일 지정의 효력발생
III. 기일의 통지
  1. 송달
  2. 출석한 사람
  3. 공시송달
  4. 간이한 방법에 의한 통지
    (1) 간이한 방법
    (2) 불이익금지
IV. 기일의 해태
  1. 절차진행
  2. 증인·감정인
V. 검사에 대한 심문기일의 통지
  1. 검사의 의견진술 등
  2. 검사의 재량

I 서설

1. 의의

법원과 당사자 또는 그 밖의 관계인이 일정한 장소에 모여 비송사건에 관한 행위를 하기 위하여 정하여진 일정한 시간

2. 기일의 종류

'심문기일'과 '증인심문기일' 등

Ⅱ 기일의 지정

1. 기일의 지정권자
① 재판장
② 수명법관 또는 수탁판사가 신문하거나 심문하는 기일은 그 수명법관 또는 수탁판사
③ 공휴일은 필요한 경우에만 기일로 정할 수 있음

2. 재판장의 직권
① 기일의 지정은 재판장이 직권으로 지정
② 당사자의 신청에 의한 기일 지정은 일반적으로 인정(×)

3. 기일 지정의 효력발생
① 기일의 지정은 성질상 즉시 효력이 발생
② 고지된 때에 효력(×)

Ⅲ 기일의 통지

1. 송달
기일은 원칙적으로 기일통지서 또는 출석요구서 송달

2. 출석한 사람
그 사건으로 출석한 사람에게는 기일을 직접 고지

3. 공시송달
당사자의 주소 또는 근무장소를 알 수 없는 경우 등 공시송달의 일정한 요건을 갖춘 경우 공시송달

4. 간이한 방법에 의한 통지
(1) 간이한 방법
법원은 대법원규칙이 정하는 간이한 방법에 따라 기일 통지 가능

(2) 불이익금지

기일에 출석하지 아니한 당사자·증인 또는 감정인 등에 대하여 법률상의 제재, 그 밖에 기일을 게을리함에 따른 불이익금지

Ⅳ 기일의 해태

1. 절차진행

당사자나 대리인이 심문기일에 출석하지 않은 경우 절차를 그대로 진행 가능

2. 증인·감정인

증인, 감정인이 출석하지 않은 경우에는 「민사소송법」 규정이 준용(과태료 등의 불이익)

Ⅴ 검사에 대한 심문기일의 통지

1. 검사의 의견진술 등

① 검사는 공익의 대표자로서 비송사건에 관하여 의견을 진술하고 심문에 참여 가능
② 이를 보장하기 위해서 심문의 기일은 검사에게 통지

2. 검사의 재량

① 검사의 의견진술과 심문의 참여는 재량으로 본다.
② 이러한 통지 없이 재판을 하여도 위법은 아니다.

10 기간

> **목차연결**
> Ⅰ. 기간의 의의
>   1. 의의
>   2. 「민사소송법」 준용
> Ⅱ. 기간의 계산
>   1. 초일불산입의 원칙
>   2. 기간을 정하는 재판에 시기를 정하지 아니한 경우
>   3. 기간의 말일
> Ⅲ. 기간의 신축, 부가기간
>   1. 필요성
>   2. 불변기간이 아닌 경우
>   3. 불변기간
>   4. 불변기간의 추후보완

Ⅰ 기간의 의의

1. 의의

일정한 시점부터 다른 시점까지의 시간의 경과

2. 「민사소송법」 준용

비송사건절차상 기간에 관하여는 「민사소송법」을 준용

Ⅱ 기간의 계산

1. 초일불산입의 원칙

① 기간을 일, 주, 월 또는 연으로 정한 때 기간의 초일은 산입(×)
② 그 기간이 오전 영시로부터 시작하는 때에는 기간의 초일 산입(○)

2. 기간을 정하는 재판에 시기를 정하지 아니한 경우

그 기간은 재판의 효력이 생긴 때부터 진행

3. 기간의 말일

기간의 말일이 토요일 또는 공휴일에 해당한 때에는 기간은 그 익일로 만료

(Ⅲ) 기간의 신축, 부가기간

1. 필요성

법원은 기간을 정한 후 그것에 의하여 생길 불이익을 피하기 위해 기간의 신축을 인정

2. 불변기간이 아닌 경우

법정기간 또는 법원이 정한 기간을 늘리거나 줄일 수 있음

3. 불변기간

① 불변기간은 법원이 기간을 신축할 수 없음
② 주소 또는 거소가 멀리 떨어진 곳에 있는 사람을 위하여 부가기간 가능

4. 불변기간의 추후보완

① 당사자가 책임질 수 없는 사유로 말미암아 불변기간을 지킬 수 없었던 경우에는 그 사유가 없어진 날부터 2주 이내에 게을리한 소송행위를 보완
② 그 사유가 없어질 당시 외국에 있던 당사자에 대하여는 이 기간을 30일로 함

목차키워드 11 「비송사건절차법」상 고지

목차연결

Ⅰ. 송달의 의의
1. 개념
2. 구별개념
  (1) 공고
  (2) 송부
Ⅱ. 비송사건절차에서 재판의 고지
1. 원칙(법원의 재량)
2. 예외적 송달과 공시송달
  (1) 기일의 통지
  (2) 공시송달
3. 송달의 방식
  (1) 송달의 종류
  (2) 공시송달

Ⅰ 송달의 의의

1. 개념
당사자 그 밖의 이해관계인에게 절차상 필요한 서류를 법정의 방식에 의하여 통지

2. 구별개념

(1) 공고

공고는 특정인에 대한 것이 아니라 일반인에 대한 것이라는 점에서 송달과 구별

(2) 송부

송부는 송달의 엄격한 방식에 의하지 않은 것

Ⅱ 비송사건절차에서 재판의 고지

1. 원칙(법원의 재량)

① 재판의 고지는 법원이 적당하다고 인정하는 방법
② 법원이 재량으로 상당한 방법으로 고지 가능

2. 예외적 송달과 공시송달

(1) **기일의 통지**

기일의 통지는 송달에 의함

(2) **공시송달**

소재불명 등의 사유가 있는 때에는 공시송달

3. 송달의 방식

(1) **송달의 종류**

「민사소송법」상 송달에는 교부송달, 우편송달, 송달함 송달 등이 있음

(2) **공시송달**

법원사무관 등이 송달할 서류를 보관하고 그 사유를 법원게시판에 게시하는 방법

12 비송사건의 심리

목차연결

Ⅰ. 심리의 의의
Ⅱ. 심문에 의한 심리
 1. 심리의 원칙 - 임의적 심문
 2. 심문의 비공개
 3. 심문기일의 통지
 4. 심문조서의 작성
Ⅲ. 사실인정의 방법
 1. 자료수집의 직권주의
 2. 절대적 진실 발견
Ⅳ. 직권탐지와 증거조사 2019년 제7회 기출
 1. 사실의 탐지
 2. 증거의 조사
 3. 심문
 4. 증거조사의 촉탁
 5. 조서의 작성
 6. 증명의 정도
 7. 증명책임

Ⅰ 심리의 의의

① 사권관계형성을 위한 사실확정의 절차
② 대부분은 사실관계의 조사절차

Ⅱ 심문에 의한 심리

1. 심리의 원칙 - 임의적 심문

① 심리에는 변론이 필요(×), 일반적으로 심문의 방법에 의하여 심리
② 심문은 임의적
③ 법률규정에 의해 재판 전에 관계인의 의견 또는 진술을 듣도록 규정하고 있는 경우 반드시 심문기일을 열어 말로 진술하는 것을 청취할 필요는 없고, 서면진술만 허용하여도 무방

2. 심문의 비공개

심문(審問)은 공개하지 아니한다. 다만, 법원은 심문을 공개함이 적정하다고 인정하는 자에게는 방청을 허가할 수 있다.

3. 심문기일의 통지

① 심문하고자 하는 경우에는 심문기일을 지정하여 통지
② 심문기일통지서 등을 송달받고도 아무런 답변을 하지 않고, 심문기일에 출석하지도 않은 때에는 진술 포기(○), 그 진술을 듣지 않고 재판

4. 심문조서의 작성

① 증인 또는 감정인의 심문 → 조서작성
② 그 밖의 심문 → 필요하다고 인정하는 경우 조서작성

Ⅲ 사실인정의 방법

1. 자료수집의 직권주의

① 사실발견을 위한 자료수집의 책임과 권능은 법원에 있음
② 자료수집의 방법과 범위는 법원이 자유롭게 결정

2. 절대적 진실 발견

사실인정에 관하여 절대적 진실발견주의를 채택하여 직권탐지와 직권증거조사의 원칙을 채택

Ⅳ 직권탐지와 증거조사 2019년 제7회 기출

1. 사실의 탐지

① 사실의 탐지를 하는 방식은 법원이 자료의 수집에 적합한 형태로 하면 충분하고 특별한 제한이 없음
② 개인이나 단체에 대한 서면 조회 또는 전화 조회, 당사자나 관계인의 심문 등

2. 증거의 조사

① 증거조사 방법 가운데 인증과 감정에 관해서는 「민사소송법」을 준용
② 비송사건의 증거조사 방법은 증인신문과 감정만 포함

3. 심문

① 당사자에 대한 심문에 의해 사실인정 가능
② 증인 또는 감정인의 심문 비공개
③ 심문은 법정 내에서 행해지지만 증인 등이 출석할 수 없을 때에는 법원 밖에서 가능

4. 증거조사의 촉탁

① 증인 또는 감정인의 심문에 관해 수명법관 또는 수탁판사에게 촉탁
② 사실 탐지도 촉탁 가능

5. 조서의 작성

① 증인 또는 감정인의 심문 → 조서작성
② 그 밖의 심문 → 필요하다고 인정하는 경우 조서작성

6. 증명의 정도

법정의 증거조사절차에 따르지 않는 간이한 증명방식으로 사실인정을 할 수 있는 자유로운 증명으로 충분하다.

7. 증명책임

법원의 직권조사만으로 사실의 진상이 분명히 밝혀지지 않는 경우 증명책임의 위험을 당사자가 지게 된다.

목차키워드 13 절차의 종료

목차연결

Ⅰ. 절차의 종료사유
Ⅱ. 법원의 종국재판에 의한 종료
　1. 의의
　2. 효력발생
　　(1) 재판의 고지
　　　1) 효력발생요건
　　　2) 고지 방법
　　(2) 통상항고가 허용되는 경우
　　(3) 즉시항고가 허용되지 않는 경우
　　(4) 즉시항고가 허용되는 경우
Ⅲ. 당사자의 행위에 의한 종료
　1. 취하
　　(1) 신청의 취하
　　(2) 신청에 의해서만 절차가 개시된 경우
　　　1) 신청의 취하 인정
　　　2) 취하의 시기
　　　3) 취하의 방식
　　　4) 신청취하의 효과
　　(3) 직권에 의해 절차가 개시된 경우
　　　1) 법원의 직권으로만 개시되는 사건
　　　2) 당사자의 신청 또는 법원의 직권으로도 절차가 개시되는 사건
　2. 화해
Ⅳ. 당사자의 사망에 의한 종료
　1. 해당 절차에서 구하는 권리가 상속대상이 되는 경우
　2. 해당 절차에서 구하는 권리가 상속대상이 되지 않는 경우

Ⅰ 절차의 종료사유

① 법원의 종국재판에 의한 종료, ② 당사자의 행위에 의한 종료, ③ 당사자의 사망 등에 의한 종료

Ⅱ 법원의 종국재판에 의한 종료

1. 의의
① 종국재판은 법원이 비송사건을 종결하기 위하여 하는 재판
② 형식은 법원의 결정

2. 효력발생

(1) 재판의 고지

1) 효력발생요건
종국재판은 이를 받은 자에게 고지함으로써 효력발생

2) 고지 방법
① 법원이 적당하다고 인정하는 방법
② 공시송달을 하는 경우에는 「민사소송법」의 규정에 따름

(2) 통상항고가 허용되는 경우
① 재판의 고지와 동시에 절차가 종료
② 통상항고가 있게 되면 항고법원에 의한 재판이 개시

(3) 즉시항고가 허용되지 않는 경우
재판의 고지와 동시에 절차 종료

(4) 즉시항고가 허용되는 경우
① 즉시항고가 있는 경우 재판은 확정(×)
② 기간 내에 즉시항고가 없는 경우 재판 확정(○), 절차 종료(○)

Ⅲ 당사자의 행위에 의한 종료

1. 취하

(1) 신청의 취하
① 민사소송은 소를 취하하여 재판 종료(○)
② 비송사건절차는 언제나 신청의 취하가 인정되는 것은 아님

(2) 신청에 의해서만 절차가 개시된 경우

1) 신청의 취하 인정

신청의 취하에 의하여 절차 종료

2) 취하의 시기

결정의 고지가 있기까지는 제1심에 계속 중이든 항고심에 계속 중이든 자유롭게 취하

3) 취하의 방식

서면 또는 말

4) 신청취하의 효과

신청이 취하된 경우 사건은 처음부터 법원에 계속되지 않았던 것으로 보며, 이미 행하여진 비송행위는 모두 그 효력을 잃음

(3) 직권에 의해 절차가 개시된 경우

1) 법원의 직권으로만 개시되는 사건

취하라는 관념 인정할 수 없음

2) 당사자의 신청 또는 법원의 직권으로도 절차가 개시되는 사건

당사자의 신청에 의하여 절차가 개시되었더라도 신청의 취하에 의해 절차가 당연히 종료되는 것은 아님

2. 화해

① 「비송사건절차법」에는 화해에 관한 규정이 없다.
② 합의가 성립한 경우에 합의조서를 작성하고 신청의 취하라는 절차를 취할 수 있다.

Ⅳ 당사자의 사망에 의한 종료

1. 해당 절차에서 구하는 권리가 상속대상이 되는 경우

상속인이 그 절차를 승계

2. 해당 절차에서 구하는 권리가 상속대상이 되지 않는 경우

당사자의 사망으로 비송사건절차는 종료

14 비용부담의 원칙 2018년 제6회 기출

목차연결

Ⅰ. 비용부담의 원칙
 1. 신청인 부담의 원칙
  (1) 「비송사건절차법」상 원칙
  (2) 법원이 직권으로 개시한 사건
 2. 예외
  (1) 법률에 특별한 규정이 있는 경우
  (2) 법원의 명령에 의하는 경우
Ⅱ. 비용의 공동부담
 1. 신청인이 여럿인 경우
 2. 불필요한 행위로 생긴 비용
Ⅲ. 국고에 의한 비용의 체당
 1. 법원이 직권으로 하는 비용
 2. 최종적 부담

Ⅰ 비용부담의 원칙

1. 신청인 부담의 원칙

(1) 「비송사건절차법」상 원칙

① 민사소송은 패소자부담의 원칙 적용
② 비송사건절차는 신청인 부담, 검사가 신청한 경우 국고에서 부담

(2) 법원이 직권으로 개시한 사건

명문의 규정은 없지만 국고에서 부담

2. 예외

(1) 법률에 특별한 규정이 있는 경우

그 법률규정에 의한다.

(2) 법원의 명령에 의하는 경우

법원은 특별한 사유가 있을 때, 비용을 부담할 자가 아닌 관계인에게 비용의 전부 또는 일부의 부담을 명할 수 있다.

Ⅱ 비용의 공동부담

1. 신청인이 여럿인 경우

① 공동소송인은 소송비용을 균등부담
② 법원은 사정에 따라 소송비용을 연대하여 부담하게 하거나 다른 방법으로 부담하게 할 수 있음

2. 불필요한 행위로 생긴 비용

공동소송인이라도 권리를 늘리거나 지키는 데 필요하지 아니한 행위로 생긴 소송비용은 그 행위를 한 당사자에게 부담하게 할 수 있다.

Ⅲ 국고에 의한 비용의 체당

1. 법원이 직권으로 하는 비용

① 법원이 직권으로 하는 탐지, 사실조사, 소환, 고지, 그 밖에 필요한 처분의 비용은 국고에서 체당
② 신청에 의한 증거조사비용은 현행법에 규정이 없음

2. 최종적 부담

① 국고에서 체당한 비용은 법원이 대신 지출
② 비용부담자가 정해지면 국고는 비용부담자의 부담

15 비용에 관한 재판 ^{2018년 제6회 기출}

목차연결

I. 비용에 관한 재판 ^{2018년 제6회 기출}
1. 의의
2. 요건
3. 사건의 재판과 함께
4. 비용액의 확정

II. 비용의 재판에 대한 불복
1. 불복신청권자
2. 불복
  (1) 불복방법
  (2) 항고의 대상
  (3) 독립한 불복신청 금지

III. 비용에 관한 재판의 집행
1. 강제집행
2. 강제집행의 절차
3. 비용에 관한 재판의 항고
  (1) 항고의 효력
  (2) 집행정지
4. 소송구조
  (1) 의의
  (2) 비송사건에 인정 여부

I 비용에 관한 재판 ^{2018년 제6회 기출}

1. 의의

① 신청인이 비용부담 원칙, 재판 불필요
② 비용의 지출자와 비용의 부담자가 다를 때 이를 상환하기 위해 별도로 비용에 관한 재판을 할 필요성 인정

2. 요건

① 법원이 필요하다고 인정하는 때에 한함
② 절차비용의 예납자 또는 지출자와 비용의 부담자가 다를 때

3. 사건의 재판과 함께

① 사건의 재판과 함께 그 금액을 확정하여 비용에 관한 재판을 하여야 함
② 사건이 재판에 의하지 아니하고 종료하는 경우 필요하다면 비용의 재판만 가능

4. 비용액의 확정

절차비용액의 확정은 절차비용 자체의 금액을 확정하는 것이 아니라, 절차비용의 부담자가 그 예납자나 지출자에게 상환할 절차비용의 금액을 확정한다는 의미

Ⅱ 비용의 재판에 대한 불복

1. 불복신청권자

그 부담의 명령을 받은 자

2. 불복

(1) 불복방법

항고

(2) 항고의 대상

비용부담명령 자체, 비용액에 대한 불복 모두 포함

(3) 독립한 불복신청 금지

① 본안의 재판과 독립하여 불복신청을 할 수 없고 항고와 동시에 하여야 함
② 사건이 재판에 의하지 않고 종료하여 비용의 재판만을 하였거나, 항고권이 없는 사람에게 비용부담을 명하는 경우에 비용의 재판에 관하여 불복 허용

Ⅲ 비용에 관한 재판의 집행

1. 강제집행

비용의 채권자는 비용의 재판에 의하여 강제집행 가능

2. 강제집행의 절차

① 「민사집행법」의 규정 준용
② 집행 전 재판서의 송달(×)

3. 비용에 관한 재판의 항고

(1) 항고의 효력

집행부정지원칙

(2) 집행정지

법원은 항고에 대한 결정이 있을 때까지 원심재판의 집행을 정지하거나 그 밖에 필요한 처분을 명할 수 있다.

4. 소송구조

(1) 의의

소송비용을 지출할 자금능력이 부족한 사람에 대하여 신청 또는 직권으로 법원이 일시적으로 소송에 필요한 비용의 납입이나 지급을 유예하는 제도

(2) 비송사건에 인정 여부

판례는 비송사건에 소송구조 신청 불허

목차키워드 16 재판의 효력발생 2016년 제4회 기출

목차연결

I. 재판의 효력발생
1. 효력발생의 의미
2. 효력발생시기
  (1) 효력발생요건
  (2) 재판의 확정 여부
II. 고지
1. 고지의 의의
2. 고지의 방법
  (1) 원칙
  (2) 공시송달을 하는 경우
  (3) 촉탁
3. 고지의 상대방
  (1) 상대방
  (2) 재판을 받은 자의 의미
  (3) 신청인과 관계

I 재판의 효력발생

1. 효력발생의 의미

종국재판의 내용에 따라 당사자 사이의 법률관계를 형성·변경하는 형성력, 집행력 등이 생기는 것

2. 효력발생시기

(1) 효력발생요건

재판은 이를 받은 자에게 고지함으로써 효력발생

(2) 재판의 확정 여부

① 확정을 기다릴 필요 없음
② 즉시항고가 허용되는 재판이라도 그 확정을 기다릴 필요 없이 고지와 동시에 재판의 효력 발생

Ⅱ 고지

1. 고지의 의의
① 고지를 받는 사람으로 하여금 그 내용을 알 수 있는 상태에 두는 것
② 상대방이 그 내용을 알았을 것까지는 불요

2. 고지의 방법

(1) **원칙**
법원이 적당하다고 인정하는 방법

(2) **공시송달을 하는 경우**
「민사소송법」의 규정에 따름

(3) **촉탁**
고지에 관한 행위는 촉탁 가능

3. 고지의 상대방

(1) **상대방**
재판을 받은 자

(2) **재판을 받은 자의 의미**
① 재판의 직접적 대상에 의하여 자기의 법률관계가 직접 영향을 받는 사람
② 재판에 의하여 간접적으로 자기의 법률관계에 영향을 받는 사람은 포함(×)

(3) **신청인과 관계**
재판을 받은 사람이 신청인과 반드시 일치하는 것(×)

17 재판의 효력 _{2018년 제6회 기출}

목차연결

Ⅰ. 재판의 효력발생
 1. 효력발생의 의미
 2. 효력발생시기
  (1) 효력발생요건
  (2) 재판의 확정 여부
Ⅱ. 재판의 일반적 효력
 1. 재판의 형성력
  (1) 의의
  (2) 대세효
 2. 재판의 집행력
  (1) 원칙
  (2) 급부를 명하는 재판
 3. 재판의 확정력
  (1) 의의
  (2) 비송사건재판의 확정력
   1) 원칙
   2) 예외
 4. 재판의 기판력

Ⅰ 재판의 효력발생

1. 효력발생의 의미

종국재판의 내용에 따라 당사자 사이의 법률관계를 형성·변경하는 형성력, 집행력 등이 생기는 것

2. 효력발생시기

(1) 효력발생요건

재판은 이를 받은 자에게 고지함으로써 효력발생

(2) 재판의 확정 여부

① 확정을 기다릴 필요 없음
② 즉시항고가 허용되는 재판이라도 그 확정을 기다릴 필요 없이 고지와 동시에 재판의 효력발생

Ⅱ 재판의 일반적 효력

1. 재판의 형성력

(1) 의의

재판에 의해 재판의 목적이 된 사권관계가 그 재판의 취지에 따라 변동하는 것

(2) 대세효

형성력은 재판을 받은 사람 외에 다른 제3자에 대하여도 생긴다.

2. 재판의 집행력

(1) 원칙

비송사건은 사권관계의 형성을 목적으로 하므로 그 집행이 필요하지 않은 것이 일반적이다.

(2) 급부를 명하는 재판

절차비용에 관한 재판, 과태료재판처럼 급부를 명하는 재판은 집행력을 갖는다.

3. 재판의 확정력

(1) 의의

일단 성립한 재판에 대해 법원 스스로 그 재판을 취소·변경할 수 없고, 당사자도 통상의 불복방법으로 다툴 수 없게 되어 더 이상 다툴 수 없게 되는 것

(2) 비송사건재판의 확정력

1) 원칙

법원이 일단 재판을 한 뒤라도 그 재판이 위법 또는 부당하다고 인정할 때에는 이를 취소하거나 변경할 수 있으므로 원칙적으로 형식적 확정력 부정

2) 예외

① 통상항고가 허용되는 재판은 항고에 대한 최종심의 실체적 재판이 있을 때 형식적 확정력 발생
② 즉시항고가 허용되는 재판은 불복신청이 없거나 즉시항고기간의 도과 또는 즉시항고권의 포기 등이 있을 때 형식적 확정력 발생

4. 재판의 기판력

민사소송의 판결에서 인정되는 기판력 부정

목차키워드 18 재판의 취소·변경 2017년 제5회 기출

목차연결

Ⅰ. 취소·변경 자유의 원칙
 1. 의의
 2. 취소와 변경의 개념
  (1) 재판의 취소
  (2) 재판의 변경
Ⅱ. 재판의 취소·변경
 1. 사유
 2. 신청 여부
 3. 취소·변경을 할 수 있는 법원
  (1) 취소·변경권자
  (2) 항고법원
 4. 취소·변경시기
 5. 취소·변경의 효과
  (1) 법률관계의 변동
  (2) 소급효
 6. 취소·변경의 제한
  (1) 신청을 각하한 재판
  (2) 즉시항고로써 불복하는 재판
 7. 사정변경에 의한 취소·변경
  (1) 의의
  (2) 인정 여부
  (3) 대상

Ⅰ 취소·변경 자유의 원칙

1. 의의

비송사건은 법원이 재판을 한 후에 그 재판이 위법 또는 부당하다고 인정할 때에는 이를 취소하거나 변경할 수 있다.

2. 취소와 변경의 개념

(1) 재판의 취소

재판의 효력을 소멸시키는 것

(2) 재판의 변경

재판의 일부 또는 전부를 취소한 뒤 이에 새로운 내용을 부가하여 원재판에 대신하는 다른 내용의 재판을 하는 것

Ⅱ 재판의 취소·변경

1. 사유

재판을 한 후에 그 재판이 위법 또는 부당하다고 인정할 때

2. 신청 여부

① 취소·변경의 재판은 항상 직권, 신청 불요
② 신청을 각하하는 재판 항고 불가

3. 취소·변경을 할 수 있는 법원

(1) 취소·변경권자

원재판을 한 제1심법원

(2) 항고법원

항고법원은 항고에 의해 원재판을 취소·변경

4. 취소·변경시기

① 특별한 제한은 없음
② 항고법원의 재판 중에도 취소·변경이 가능

5. 취소·변경의 효과

(1) 법률관계의 변동

재판의 취소·변경에 의해 사권관계의 변동

(2) 소급효

취소·변경의 소급효가 인정될 것인가 견해대립

6. 취소·변경의 제한

(1) 신청을 각하한 재판

신청에 의하여만 재판을 하여야 하는 경우에 신청을 각하한 재판은 신청에 의하지 아니하고는 취소하거나 변경 불가

(2) 즉시항고로써 불복하는 재판

취소·변경 불가

7. 사정변경에 의한 취소·변경

(1) 의의

재판이 처음부터 위법·부당한 것은 아니지만 사후에 사정변경으로 부당하게 된 경우 재판을 한 법원이 이를 취소 또는 변경하는 것

(2) 인정 여부

① 「비송사건절차법」에는 명문의 규정(×)
② 사정변경에 의한 취소·변경을 인정할 필요성 인정

(3) 대상

법원이 계속적 법률관계에 대해 일정한 법률관계를 형성하였고 그것이 사정변경으로 말미암아 적절하지 않게 된 경우 사정변경에 의한 취소·변경의 대상이 됨

19 항고의 종류 2015년 제3회 기출

목차연결

Ⅰ. 항고의 의의
Ⅱ. 항고의 종류 2015년 제3회 기출
 1. 통상항고
  (1) 의의
  (2) 제기기간
 2. 즉시항고
  (1) 의의
  (2) 제기기간
 3. 재항고
  (1) 의의
  (2) 제기기간
 4. 특별항고
  (1) 의의
  (2) 제기기간

Ⅰ 항고의 의의

하급법원의 재판이 아직 확정되기 전에 상급법원에 대하여 그 취소·변경을 구하는 불복신청

Ⅱ 항고의 종류 2015년 제3회 기출

1. 통상항고

(1) 의의

비송사건의 재판에 대한 원칙적 항고

(2) 제기기간

기간의 제한이 없음

2. 즉시항고

(1) 의의
① 사건의 신속한 해결의 필요에 의해 제기기간의 제한이 있는 항고
② 법률에 명문의 규정이 있는 경우에 한해 인정

(2) 제기기간
재판이 고지된 날로부터 1주 이내

3. 재항고

(1) 의의
① 항고법원 또는 고등법원의 결정에 대한 항고
② 항고법원·고등법원의 결정 및 명령에 대하여는 재판에 영향을 미친 헌법·법률·명령 또는 규칙의 위반을 이유로 드는 때에만 가능

(2) 제기기간
재판이 고지된 날로부터 2주 이내

4. 특별항고

(1) 의의
불복할 수 없는 결정이나 명령에 대하여 재판에 영향을 미친 헌법 위반이 있거나 재판의 전제가 된 명령·규칙·처분의 헌법 또는 법률의 위반 여부에 대한 판단이 부당하다는 것을 이유로 하는 때에만 대법원에 하는 항고

(2) 제기기간
재판이 고지된 날로부터 1주 이내

20 항고의 제기의 효과 2020년 제8회 기출

목차연결

Ⅰ. 서설
  1. 항고의 의의
  2. 재판의 효력
Ⅱ. 확정차단의 효력
  1. 통상항고
  2. 즉시항고
Ⅱ. 이심의 효력
Ⅲ. 집행정지의 효력
  1. 원칙
  2. 예외
    (1) 집행정지명령
    (2) 법률의 특별한 규정

Ⅰ 서설

1. 항고의 의의

하급법원의 재판이 아직 확정되기 전에 상급법원에 대하여 그 취소·변경을 구하는 불복신청

2. 재판의 효력

항고를 하더라도 원재판의 형성력, 집행력에는 아무 영향을 미치지 않는 것이 원칙

Ⅱ 확정차단의 효력

1. 통상항고

통상항고로 불복하는 비송사건재판은 확정력이 없으므로 통상항고의 제기는 확정차단의 효력이 문제되지 않음

2. 즉시항고

즉시항고를 허용하는 재판에서는 즉시항고의 제기에 의하여 원재판의 확정이 차단됨

Ⅱ 이심의 효력

원심법원에 항고의 제기가 있으면 원재판의 대상인 사건은 항고심으로 이심된다.

Ⅲ 집행정지의 효력

1. 원칙

항고를 하더라도 원심재판의 형성력, 집행력에는 아무런 영향을 미치지 않는 것이 원칙

2. 예외

(1) **집행정지명령**

항고법원 또는 원심법원이나 판사는 항고에 대한 결정이 있을 때까지 원심재판의 집행을 정지하거나 그 밖에 필요한 처분을 명할 수 있다.

(2) **법률의 특별한 규정**

즉시항고의 경우 「비송사건절차법」에서 집행정지의 효력을 부여하는 경우가 있다.

21 항고의 심리절차 2020년 제8회 기출

> **목차연결**
> Ⅰ. 항고제기
> Ⅱ. 원심법원의 처리
>   1. 원재판의 경정
>   2. 사건의 송부
>   3. 집행정지명령
> Ⅲ. 항고법원의 심리
>   1. 심리방식
>   2. 비공개
>   3. 직권탐지, 직권증거조사

Ⅰ 항고제기

항고장을 원심법원에 제출

Ⅱ 원심법원의 처리

1. 원재판의 경정

항고가 이유 있다고 인정하는 경우 원재판 경정

2. 사건의 송부

이유가 없다고 인정하는 때 의견서를 첨부하여 항고법원에 송부

3. 집행정지명령

항고에 대한 결정이 있을 때까지 원재판의 집행을 정지하거나 기타 필요한 처분을 명할 수 있음

Ⅲ. 항고법원의 심리

1. 심리방식
항고법원의 자유재량, 서면심리만으로 결정 가능

2. 비공개
심문은 공개하지 않는 것이 원칙

3. 직권탐지, 직권증거조사
① 직권으로 사실의 탐지
② 필요하다고 인정하는 증거의 조사
③ 항고이유로 주장된 바 없더라도 직권으로 조사하여 항고의 인용 여부 재판

22 항고법원의 재판 2020년 제8회 기출

목차연결

Ⅰ. 항고의 각하와 기각
1. 각하
2. 기각
Ⅱ. 인용
1. 원결정의 취소·변경
  (1) 원재판 취소결정
  (2) 원재판 변경 또는 환송
  (3) 관할위반
Ⅲ. 불이익변경금지의 원칙

Ⅰ 항고의 각하와 기각

1. 각하

항고가 부적법하다고 인정하는 경우

2. 기각

① 항고의 이유가 없음
② 원결정의 이유가 정당하지 않은 경우에도 다른 이유에 따라 그 결정이 정당하다고 인정할 때

Ⅱ 인용

1. 원결정의 취소·변경

(1) 원재판 취소결정

원결정이 정당하지 않다고 인정한 때 원결정 취소

(2) 원재판 변경 또는 환송

항고법원은 원결정을 취소한 뒤 스스로 새로운 재판을 하는 경우도 있고(원재판 변경), 사건을 원심법원에 환송하는 경우도 있음

(3) **관할위반**

원재판을 관할위반을 이유로 취소한 때에는 사건을 관할법원에 이송

Ⅲ 불이익변경금지의 원칙

① 불이익변경금지의 원칙은 준용(×)
② 과태료 사건은 불이익변경금지의 원칙 준용(○)

23 항고절차의 종료

목차연결

Ⅰ. 법원의 재판에 의한 종료
 1. 의의
 2. 효력발생
Ⅱ. 당사자의 행위에 의한 종료
 1. 항고의 취하
  (1) 취하의 시기
  (2) 취하의 방식
  (3) 취하의 효력
 2. 항고권의 포기
  (1) 시기
  (2) 효력

Ⅰ 법원의 재판에 의한 종료

1. 의의
항고절차는 재판에 의해 종료

2. 효력발생
재판의 고지

Ⅱ 당사자의 행위에 의한 종료

1. 항고의 취하

(1) 취하의 시기
항고심 계속 중 항고심의 종국결정 전

(2) 취하의 방식
서면 또는 말

(3) **취하의 효력**

항고는 처음부터 제기되지 않았던 것으로 되고 절차는 취하에 의해 종료

2. 항고권의 포기

(1) **시기**

항고하기 이전에는 1심법원에, 항고를 한 뒤에는 재판기록이 있는 법원에 서면으로 하여야 함

(2) **효력**

절차는 이에 의해 종료

목차키워드 24 채권자대위 사건 ^{2013년 제1회 기출}

목차연결

Ⅰ. 서설
 1. 채권자대위권
 2. 재판상 대위
Ⅱ. 재판상 대위
 1. 관할법원
 2. 절차의 개시
  (1) 신청
  (2) 신청요건
  (3) 신청방식
 2. 심리
  (1) 공개
  (2) 심문
  (3) 직권탐지와 직권증거조사
 3. 재판
  (1) 형식
  (2) 대위신청의 허가
  (3) 고지
 4. 불복방법
  (1) 각하한 재판
  (2) 허가한 재판
  (3) 항고기간의 기산
  (4) 즉시항고의 효력
 5. 항고비용의 부담

Ⅰ 서설

1. 채권자대위권

① 채권자가 자기의 채권을 보전하기 위하여 채무자의 권리를 행사하는 것
② 채권의 기한이 도래하기 전 법원의 허가 없이 채무자의 권리 행사(×)

2. 재판상 대위

채권의 기한이 도래하기 전에 법원의 허가를 받아 채권자대위권을 행사하는 것

Ⅱ 재판상 대위

1. 관할법원
채무자의 보통재판적이 있는 곳의 지방법원

2. 절차의 개시

(1) 신청
채권자의 신청

(2) 신청요건
① 채권이 기한 도래 전일 것, ② 채무자의 권리를 행사하지 아니하면 그 채권을 보전할 수 없거나 보전하는 데에 곤란이 생길 우려가 있을 것

(3) 신청방식
서면 또는 말

2. 심리

(1) 공개
「비송사건절차법」상 비공개, 검사의 참여에 관한 규정이 적용(×)

(2) 심문
법원은 재판 전에 채권자와 변제자를 심문하여야 한다.

(3) 직권탐지와 직권증거조사
법원은 직권으로 사실의 탐지와 증거의 조사를 하여야 한다.

3. 재판

(1) 형식
재판은 결정으로써 한다.

(2) 대위신청의 허가
① 법원은 대위의 신청이 이유 있다고 인정한 경우 허가
② 담보제공은 필수(×)

(3) 고지
① 신청인에게 고지
② 대위의 신청을 허가한 재판은 직권으로 채무자에게 고지

4. 불복방법

(1) 각하한 재판
대위의 신청을 각하한 재판에 대하여는 즉시항고

(2) 허가한 재판
대위의 신청을 허가한 재판은 채무자가 즉시항고

(3) 항고기간의 기산
채무자가 재판의 고지를 받은 날부터 기산(1주 내)

(4) 즉시항고의 효력
① 즉시항고에는 집행정지의 효력(×), 즉시항고가 있는 경우라도 채권자는 즉시항고에 상관없이 대위권을 행사 가능
② 법원은 항고심의 재판이 있을 때까지 원재판의 집행정지 기타 필요한 처분을 명할 수 있음

5. 항고비용의 부담
패소한 당사자가 부담[신청인(×)]

목차키워드 25 과태료재판 ^{2013년 제1회 기출}

목차연결

Ⅰ. 정식절차
1. 관할법원
2. 심리
3. 재판
4. 불복방법 2014년 제2회 기출
   (1) 즉시항고
   (2) 집행정지
   (3) 기간
5. 비용의 부담
   (1) 재판의 비용
      1) 과태료를 부과하는 선고
      2) 그 밖의 비용
   (2) 항고재판
Ⅱ. 약식절차
1. 심리
2. 재판
3. 불복방법 2014년 제2회 기출
   (1) 이의신청
   (2) 이의신청의 효력
Ⅲ. 과태료재판의 집행
1. 재판의 집행력
2. 검사의 집행명령
3. 집행절차와 송달

Ⅰ 정식절차

1. 관할법원

과태료를 부과받을 자의 주소지의 지방법원

2. 심리

법원은 재판을 하기 전에 당사자의 진술을 듣고 검사의 의견을 구하여야 한다.

3. 재판
이유를 붙인 결정

4. 불복방법 2014년 제2회 기출

(1) 즉시항고
당사자와 검사는 과태료재판에 대하여 즉시항고

(2) 집행정지
집행정지의 효력이 있음

(3) 기간
재판이 고지된 날부터 1주 이내

5. 비용의 부담

(1) 재판의 비용

1) 과태료를 부과하는 선고
선고를 받은 자가 부담

2) 그 밖의 비용
국고부담

(2) 항고재판
신청을 인용하는 재판은 항고절차의 비용 및 전심에서 당사자가 부담하게 된 비용은 국고부담

Ⅱ 약식절차

1. 심리
법원은 타당하다고 인정할 때에는 당사자의 진술을 듣지 아니하고 과태료재판을 할 수 있음

2. 재판
이유를 붙인 결정

3. 불복방법 2014년 제2회 기출

(1) **이의신청**

재판의 고지를 받은 날부터 1주일 내 이의신청

(2) **이의신청의 효력**

① 약식절차에 따른 재판은 이의신청에 의하여 그 효력 상실
② 법원은 당사자의 진술을 듣고 다시 재판

(Ⅲ) 과태료재판의 집행

1. 재판의 집행력

과태료재판 자체는 집행력(×)

2. 검사의 집행명령

과태료재판은 검사의 명령으로써 집행한다. 이 경우 검사의 명령은 집행력 있는 집행권원과 같은 효력이 있다.

3. 집행절차와 송달

① 과태료재판의 집행절차는 「민사집행법」에 의함
② 집행을 하기 전에 재판의 송달은 하지 않음

행정사
임병주 행정사실무법

PART
03

행정사법

01 행정사 업무신고와 수리 거부 2017년 제5회 기출

목차연결

Ⅰ. 업무신고
 1. 신고권자
 2. 신고서 제출기관
 3. 신고기준 2020년 제8회 기출
 4. 첨부서류
Ⅱ. 신고확인증 발급
 1. 발급시기
 2. 재발급 신청
Ⅲ. 업무신고의 수리 거부
 1. 수리 거부 사유와 통지
  (1) 사유
  (2) 통지
 2. 신고수리 간주
 3. 이의신청
  (1) 기간
  (2) 불복사유
  (3) 이의신청에 대한 처리
 4. 벌칙
  (1) 벌금
  (2) 양벌규정

Ⅰ 업무신고

1. 신고권자

행정사 자격이 있는 사람으로서 행정사 업무를 하려는 자

2. 신고서 제출기관

주된 사무소의 소재지를 관할하는 특별자치시장·특별자치도지사·시장·군수 또는 자치구의 구청장

3. 신고기준 2020년 제8회 기출

① 결격사유에 해당하지 않을 것
② 실무교육을 이수했을 것
③ 행정사 자격증이 있을 것
④ 행정사회에 가입했을 것

4. 첨부서류

① 행정사 자격증 사본 1부
② 실무교육 수료증 사본 1부
③ 행정사회 회원증 1부

Ⅱ 신고확인증 발급

1. 발급시기

시장 등은 행정사업무신고를 받은 때에는 그 내용을 확인한 후 발급

2. 재발급 신청

신고확인증을 잃어버리거나 못쓰게 된 경우 시장 등에게 재발급 신청

Ⅲ 업무신고의 수리 거부

1. 수리 거부 사유와 통지

(1) 사유

행정사업무신고 기준을 갖추지 아니한 경우

(2) 통지

지체 없이 행정사업무신고의 수리 거부 사실 및 그 사유 당사자에게 통지

2. 신고수리 간주

① 신고를 받은 날부터 3개월이 지날 때까지 행정사업무신고확인증 발급(×), 업무신고의 수리 거부 통지(×)
② 3개월이 되는 날의 다음 날 신고가 수리된 것으로 봄

3. 이의신청

(1) 기간
신고의 수리 거부 통지를 받은 날부터 3개월 이내

(2) 불복사유
불복(不服)의 이유를 밝혀 시장 등에게 이의신청

(3) 이의신청에 대한 처리
이의신청이 이유 있다고 인정하면 신고확인증을 발급

4. 벌칙

(1) 벌금
행정사업무신고를 하지 아니하고 행정사 업무를 한 자는 1년 이하의 징역 또는 1천만 원 이하의 벌금에 처한다.

(2) 양벌규정
행정사의 사무직원이 이를 위반하면 그 행위자를 벌하는 외에 그 행정사에도 해당 조문의 벌금형을 과(科)한다. 다만, 행정사가 그 위반행위를 방지하기 위하여 해당 업무에 관하여 상당한 주의와 감독을 게을리하지 아니한 경우에는 그러하지 아니하다.

02 폐업신고와 휴업신고

목차연결

Ⅰ. 폐업신고
1. 폐업신고자
2. 폐업 후 업무재개
3. 폐업 전 행정제재처분효과의 승계 등
 (1) 행정사의 지위승계
 (2) 제재처분의 승계
 (3) 제재처분사유의 승계
  1) 업무정지처분
  2) 업무정지기간
Ⅱ. 휴업신고
1. 신고사유
2. 신고수리의 통지
3. 신고수리의 간주
4. 폐업 간주
5. 업무정지
 (1) 제재처분
 (2) 벌칙

Ⅰ 폐업신고

1. 폐업신고자

행정사가 폐업한 경우 본인이, 사망한 경우 가족이나 동거인 또는 그 사무직원이 지체 없이 시장 등에게 신고

2. 폐업 후 업무재개

폐업한 행정사가 업무를 다시 시작할 때에 신고

3. 폐업 전 행정제재처분효과의 승계 등

(1) 행정사의 지위승계

폐업신고를 한 후 업무를 다시 시작하는 신고를 한 행정사는 폐업신고 전 행정사의 지위를 승계

(2) 제재처분의 승계

폐업신고 전의 행정사에 대하여 업무정지처분의 효과는 그 처분일부터 1년간 업무를 다시 시작하는 신고를 한 행정사에게 승계

(3) 제재처분사유의 승계

1) 업무정지처분
① 폐업신고 전 행정사의 위반행위를 사유로 업무정지처분 가능
② 폐업신고를 한 날부터 업무를 다시 시작하는 신고를 한 날까지의 기간이 1년을 넘은 경우 불가

2) 업무정지기간
폐업한 기간과 폐업의 사유 등을 고려하여 업무정지의 기간을 정함

Ⅱ 휴업신고

1. 신고사유
3개월이 넘도록 휴업하거나 휴업한 행정사가 업무를 다시 시작하는 경우 시장 등에게 신고

2. 신고수리의 통지
신고를 받은 날부터 15일 이내에 신고수리 여부 통지

3. 신고수리의 간주
시장 등은 업무재개신고를 받은 날부터 15일 이내에 신고수리 여부 또는 처리기간의 연장을 신고인에게 통지하지 아니하면 그 기간이 끝난 날의 다음 날에 신고를 수리한 것으로 본다.

4. 폐업 간주
휴업한 행정사가 2년이 지나도 업무를 다시 시작하지 아니하는 경우에는 폐업한 것으로 본다.

5. 업무정지

(1) 제재처분
① 6개월의 범위에서 기간을 정하여 업무의 정지를 명할 수 있다.
② 업무정지처분은 그 사유가 발생한 날부터 3년이 지나면 할 수 없다.

(2) **벌칙**

업무정지처분을 받고 그 업무정지 기간에 행정사 업무를 한 자는 1년 이하의 징역 또는 1천만 원 이하의 벌금에 처한다.

03 행정사업무신고확인증 _{2020년 제8회 기출}

목차연결

I. 신고확인증의 발급
1. 발급시기
2. 재발급 신청
II. 신고확인증의 대여 등의 금지
1. 대여금지
2. 대여사용금지
3. 대여알선금지
4. 벌칙
   (1) 벌금
   (2) 양벌규정

Ⅰ 신고확인증의 발급

1. 발급시기
시장 등은 행정사업무신고를 받은 때에는 그 내용을 확인한 후 신고확인증 발급

2. 재발급 신청
신고확인증을 잃어버리거나 못쓰게 된 경우 시장 등에게 재발급 신청

Ⅱ 신고확인증의 대여 등의 금지

1. 대여금지
행정사는 다른 사람에게 신고확인증을 대여하여서는 아니 된다.

2. 대여사용금지
누구든지 다른 사람의 신고확인증을 대여받아 사용하여서는 아니 된다.

3. 대여알선금지

누구든지 다른 사람에게 신고확인증을 대여하거나 다른 사람의 신고확인증을 대여받아 사용하는 것을 알선하여서는 아니 된다.

4. 벌칙

(1) 벌금

신고확인증을 다른 자에게 대여한 행정사, 행정사법인과 이를 대여받은 자 또는 대여를 알선한 자는 3년 이하의 징역 또는 3천만 원 이하의 벌금에 처한다.

(2) 양벌규정

행정사의 사무직원이 이를 위반하면 그 행위자를 벌하는 외에 그 행정사에도 해당 조문의 벌금형을 과(科)한다. 다만, 행정사가 그 위반행위를 방지하기 위하여 해당 업무에 관하여 상당한 주의와 감독을 게을리하지 아니한 경우에는 그러하지 아니하다.

04 행정사 사무소

목차연결

I. 사무소의 설치
1. 단수주의
2. 합동사무소
3. 주사무소와 분사무소
4. 상근 행정사
II. 사무소 이전
1. 사무소 이전 신고
2. 신고확인증 발급 및 통지
   (1) 신고확인증 발급
   (2) 이전 사실 통지
3. 신고 전 발생한 사유에 의한 행정처분
III. 사무소의 명칭
1. 사무소의 명칭 표시
   (1) 행정사 사무소 표시
   (2) 분사무소 표시
2. 유사명칭 사용금지
   (1) 행정사가 아닌 사람
   (2) 행정사합동사무소가 아닌 경우
IV. 위반행위에 대한 제재 등
1. 업무정지
2. 벌칙
3. 과태료 부과

I 사무소의 설치

1. 단수주의

행정사 업무를 하기 위한 사무소를 하나만 설치 가능

2. 합동사무소

2명 이상의 행정사로 구성된 합동사무소 설치 가능

3. 주사무소와 분사무소

행정사합동사무소를 구성하는 행정사의 수를 넘지 아니하는 범위에서 주사무소와 분사무소 설치 가능

4. 상근 행정사

주사무소와 분사무소에는 행정사합동사무소를 구성하는 행정사가 각각 1명 이상 상근

Ⅱ 사무소 이전

1. 사무소 이전 신고

사무소를 이전한 때 10일 이내에 이전 후의 사무소 소재지를 관할하는 시장 등에게 신고

2. 신고확인증 발급 및 통지

(1) **신고확인증 발급**

이전신고한 행정사에게 신고확인증 발급

(2) **이전 사실 통지**

종전의 사무소 소재지를 관할하는 시장 등에게 사무소의 이전 사실 통지

3. 신고 전 발생한 사유에 의한 행정처분

신고 전에 발생한 사유로 인한 행정처분은 신고를 받은 시장 등이 행함

Ⅲ 사무소의 명칭

1. 사무소의 명칭 표시

(1) **행정사 사무소 표시**

사무소의 명칭 중에 행정사 사무소 또는 행정사합동사무소라는 글자를 사용

(2) **분사무소 표시**

행정사합동사무소의 분사무소에는 그 분사무소임을 표시

2. 유사명칭 사용금지

(1) 행정사가 아닌 사람
행정사가 아닌 사람은 행정사 사무소 또는 이와 비슷한 명칭 사용 금지

(2) 행정사합동사무소가 아닌 경우
행정사합동사무소나 그 분사무소가 아니면 행정사합동사무소나 그 분사무소 또는 이와 비슷한 명칭 사용 금지

Ⅳ 위반행위에 대한 제재 등

1. 업무정지
① 행정사가 두 개 이상의 사무실을 설치하여 업무를 수행한 경우 6개월의 범위에서 업무정지
② 행정사합동사무소를 구성하는 행정사가 상근하지 아니한 경우 6개월의 범위에서 업무정지
③ 그 사유가 발생한 날부터 3년이 지나면 업무정지 불가

2. 벌칙
업무정지처분을 받고 그 업무정지 기간에 행정사 업무를 한 자는 1년 이하의 징역 또는 1천만 원 이하의 벌금에 처한다.

3. 과태료 부과
① 행정사가 아닌 사람이 행정사 사무소, 행정사합동사무소 또는 그 분사무소와 비슷한 명칭을 사용한 경우 500만 원 이하의 과태료
② 사무소 이전신고를 하지 아니한 자는 100만 원 이하의 과태료
③ 행정사 사무소, 행정사합동사무소 또는 행정사법인이라는 글자를 사용하지 아니하거나 그 분사무소임을 표시하지 아니한 자는 100만 원 이하의 과태료

05 행정사의 업무상 의무

목차연결

Ⅰ. 사무직원 지도·감독
  1. 사무직원
  2. 지도·감독책임
  3. 행정사의 행위간주
Ⅱ. 보수
  1. 보수를 받을 권리
  2. 보수 외 반대급부금지
  3. 위반행위 제재 및 벌칙
    (1) 업무정지
    (2) 벌칙
Ⅲ. 직무관련 의무
  1. 직무수행상 의무
    (1) 직무수행
    (2) 손해배상책임
  2. 수임제한
    (1) 수임제한 요건
    (2) 수임제한 사무
    (3) 법인구성원 또는 소속행정사
    (4) 벌칙
  3. 비밀엄수의무
    (1) 의무자
    (2) 직무상 비밀누설금지
    (3) 벌칙
  4. 업무처리부 작성·보관의무
    (1) 업무처리부 작성 및 보관
    (2) 보관기간
    (3) 과태료 부과
Ⅳ. 행정사의 교육받을 의무
  1. 교육의 종류
    (1) 실무교육
    (2) 연수교육
  2. 과태료 부과

Ⅰ 사무직원 지도·감독

1. 사무직원

행정사는 사무직원을 둘 수 있다.

2. 지도·감독책임

행정사는 소속 사무직원을 지도·감독할 책임이 있다.

3. 행정사의 행위간주

사무직원의 직무상 행위는 그를 고용한 행정사의 행위로 본다.

Ⅱ 보수

1. 보수를 받을 권리
행정사는 업무를 위임한 자로부터 보수를 받는다.

2. 보수 외 반대급부금지
행정사와 그 사무직원은 업무에 관하여 보수 외에 어떠한 명목으로도 위임인으로부터 금전 또는 재산상의 이익이나 그 밖의 반대급부를 받지 못한다.

3. 위반행위 제재 및 벌칙

(1) 업무정지
① 위임인으로부터 보수 외에 금전 또는 재산상 이익이나 그 밖의 반대급부를 받은 경우에는 6개월의 범위에서 기간을 정하여 업무의 정지를 명할 수 있다.
② 업무정지처분은 그 사유가 발생한 날부터 3년이 지나면 할 수 없다.
③ 업무정지처분을 받고 그 업무정지 기간에 행정사 업무를 한 자는 1년 이하의 징역 또는 1천만 원 이하의 벌금에 처한다.

(2) 벌칙
① 위임인으로부터 보수 외에 금전 또는 재산상 이익이나 그 밖의 반대급부를 받은 자는 100만 원 이하의 벌금에 처한다.
② 행정사의 사무직원이 행정사의 업무와 관련하여 이를 위반하면 그 행위자를 벌하는 외에 그 행정사에도 해당 조문의 벌금형을 과(科)한다. 다만, 행정사가 그 위반행위를 방지하기 위하여 해당 업무에 관하여 상당한 주의와 감독을 게을리하지 아니한 경우에는 그러하지 아니하다.

Ⅲ 직무관련 의무

1. 직무수행상 의무

(1) 직무수행
품위를 유지하고 신의와 성실로써 공정하게 직무를 수행

(2) 손해배상책임
위임받은 업무를 수행하면서 고의 또는 과실로 위임인에게 재산상의 손해를 입힌 경우 그 손해를 배상

2. 수임제한

(1) 수임제한 요건
① 공무원직에 있다가 퇴직한 행정사일 것, ② 퇴직 전 1년부터 퇴직할 때까지 근무한 행정기관에 대한 수임일 것

(2) 수임제한 사무
인가·허가 및 면허 등을 받기 위하여 행정기관에 하는 신청·청구 및 신고 등의 대리업무

(3) 법인구성원 또는 소속행정사
수임제한은 법인구성원 또는 소속행정사로 지정되는 경우를 포함

(4) 벌칙
① 수임제한 규정을 위반한 사람은 1년 이하의 징역 또는 1천만 원 이하의 벌금에 처한다.
② 행정사의 사무직원이 행정사의 업무와 관련하여 이를 위반하면 그 행위자를 벌하는 외에 그 행정사에도 해당 조문의 벌금형을 과(科)한다. 다만, 행정사가 그 위반행위를 방지하기 위하여 해당 업무에 관하여 상당한 주의와 감독을 게을리하지 아니한 경우에는 그러하지 아니하다.

3. 비밀엄수의무

(1) 의무자
① 행정사 또는 행정사였던 사람
② 행정사의 사무직원 또는 사무직원이었던 사람

(2) 직무상 비밀누설금지
정당한 사유 없이 직무상 알게 된 사실을 다른 사람에게 누설하여서는 아니 된다.

(3) 벌칙
① 업무상 알게 된 사실을 다른 사람에게 누설한 자는 1년 이하의 징역 또는 1천만 원 이하의 벌금에 처한다.
② 행정사의 사무직원이 업무와 관련하여 이를 위반하면 그 행위자를 벌하는 외에 그 행정사에도 해당 조문의 벌금형을 과(科)한다. 다만, 행정사가 그 위반행위를 방지하기 위하여 해당 업무에 관하여 상당한 주의와 감독을 게을리하지 아니한 경우에는 그러하지 아니하다.

4. 업무처리부 작성·보관의무

(1) 업무처리부 작성 및 보관
① 업무를 위임받으면 업무처리부(業務處理簿)를 작성하여 보관
② 업무처리부는 전자문서로 작성할 수 있음

(2) 보관기간
작성한 업무처리부 1년간 보관

(3) 과태료 부과
업무처리부를 작성하지 아니하거나 거짓으로 작성한 자는 100만 원 이하의 과태료

Ⅳ 행정사의 교육받을 의무

1. 교육의 종류

(1) 실무교육
행정사 업무를 시작하려면 행정안전부장관이 시행하는 실무교육을 받아야 한다.

(2) 연수교육
시·도지사가 직접 또는 위탁기관에게 위탁한 기관이나 단체에서 실시하는 연수교육을 받아야 한다.

2. 과태료 부과
연수교육을 받지 아니하고 행정사 업무를 수행한 사람은 100만 원 이하의 과태료 부과

06 행정사(행정사법인)의 금지행위

> **목차연결**
>
> I. 서설
> 1. 의의
> 2. 수범자
> II. 금지행위
> 1. 위임거부금지
> 2. 이해상반행위금지
> 3. 개입금지
> 4. 선전금지
> 5. 허위광고금지
> 6. 부당유치금지
> III. 벌칙
> 1. 1년 이하의 징역 또는 1천만 원 이하의 벌금
> 2. 100만 원 이하의 벌금
> 3. 양벌규정

Ⅰ 서설

1. 의의

「행정사법」은 일반적 업무상의 의무 이외에 구체적인 금지행위를 별도로 규정

2. 수범자

행정사와 그 사무직원

Ⅱ 금지행위

1. 위임거부금지

정당한 사유 없이 업무에 관한 위임을 거부하는 행위

2. 이해상반행위금지

① 당사자 중 어느 한 쪽의 위임을 받아 취급하는 업무에 관하여 이해관계를 달리하는 상대방으로부터 같은 업무를 위임받는 행위
② 당사자 양쪽이 동의한 경우 예외

3. 개입금지

행정사의 업무 범위를 벗어나서 타인의 소송이나 그 밖의 권리관계분쟁 또는 민원사무처리 과정에 개입하는 행위

4. 선전금지

업무수임 또는 수행 과정에서 관련 공무원과의 연고(緣故) 등 사적인 관계를 드러내며 영향력을 미칠 수 있는 것으로 선전하는 행위

5. 허위광고금지

행정사의 업무에 관하여 거짓된 내용을 표시하거나 객관적 사실을 과장 또는 누락하여 소비자를 오도(誤導)하거나 오해를 불러일으킬 우려가 있는 내용의 광고행위

6. 부당유치금지

행정사 업무의 알선을 업으로 하는 자를 이용하거나 그 밖의 부당한 방법으로 행정사 업무의 위임을 유치(誘致)하는 행위

Ⅲ 벌칙

1. 1년 이하의 징역 또는 1천만 원 이하의 벌금

① 업무수임 또는 수행 과정에서 관련 공무원과의 연고(緣故) 등 사적인 관계를 드러내며 영향력을 미칠 수 있는 것으로 선전하는 행위를 한 경우
② 행정사의 업무에 관하여 거짓된 내용을 표시하거나 객관적 사실을 과장 또는 누락하여 소비자를 오도(誤導)하거나 오해를 불러일으킬 우려가 있는 내용의 광고행위를 한 경우

2. 100만 원 이하의 벌금

① 정당한 사유 없이 업무에 관한 위임을 거부한 자
② 당사자 양쪽으로부터 같은 업무에 관한 위임을 받은 자
③ 타인의 소송이나 그 밖의 권리관계분쟁 또는 민원사무처리과정에 개입한 자
④ 알선을 업으로 하는 자를 이용하거나 그 밖의 부당한 방법으로 행정사 업무의 위임을 유치한 자

3. 양벌규정

행정사의 사무직원이 행정사의 업무와 관련하여 이를 위반하면 그 행위자를 벌하는 외에 그 행정사에도 해당 조문의 벌금형을 과(科)한다. 다만, 행정사가 그 위반행위를 방지하기 위하여 해당 업무에 관하여 상당한 주의와 감독을 게을리하지 아니한 경우에는 그러하지 아니하다.

07 행정사법인의 설립과 설립절차 2018년 제6회 기출

목차연결

I. 법인설립
II. 설립절차
1. 인가
2. 정관의 기재사항
3. 등기
  (1) 법인성립
  (2) 기간
  (3) 신청
  (4) 확인

Ⅰ 법인설립

3명 이상의 행정사를 구성원으로 하는 행정사법인을 설립

Ⅱ 설립절차

1. 인가

행정사법인을 설립하려면 행정사법인의 구성원이 될 행정사가 정관을 작성하여 행정안전부장관의 설립인가를 받아야 한다. 정관을 변경할 때에도 또한 같다.

2. 정관의 기재사항

① 목적, 명칭, 주사무소 및 분사무소의 소재지
② 행정사법인을 구성하는 행정사의 성명과 주소
③ 법인구성원의 출자에 관한 사항
④ 법인구성원 회의에 관한 사항
⑤ 자산 및 회계에 관한 사항
⑥ 행정사법인의 대표에 관한 사항
⑦ 존립시기, 해산사유를 정한 경우에는 그 시기 또는 사유
⑧ 그 밖에 대통령령으로 정하는 사항(행정사법인의 업무를 수행하는 행정사의 권리·의무 제한에 관한 사항과 법인구성원의 가입·탈퇴에 관한 사항)

3. 등기

(1) **법인성립**

행정사법인은 그 주사무소의 소재지에서 설립등기를 함으로써 성립

(2) **기간**

설립인가증을 받은 날부터 14일 이내에 주사무소 소재지의 관할 등기소

(3) **신청**

행정사법인의 구성원이 될 행정사 전원이 공동으로 신청

(4) **확인**

행정안전부장관은 법인이 설립등기한 내용을 확인

08 행정사법인의 업무신고

2018년 제6회 기출

목차연결

Ⅰ. 업무신고
1. 신고권자
2. 신고서 제출기관
3. 신고기준 2020년 제8회 기출
Ⅱ. 신고확인증 발급
1. 발급시기
2. 재발급 신청
Ⅲ. 업무신고의 수리 거부
1. 수리 거부 사유와 통지
  (1) 사유
  (2) 통지
2. 신고수리 간주
3. 이의신청
  (1) 기간
  (2) 불복사유
  (3) 이의신청에 대한 처리
4. 벌칙
  (1) 벌금
  (2) 양벌규정

Ⅰ 업무신고

1. 신고권자

행정사법인

2. 신고서 제출기관

주된 사무소의 소재지를 관할하는 특별자치시장·특별자치도지사·시장·군수 또는 자치구의 구청장

3. 신고기준 2020년 제8회 기출

① 법인구성원 및 소속행정사가 결격사유에 해당하지 않을 것
② 법인구성원 및 소속행정사가 실무교육을 이수했을 것
③ 법인구성원 및 소속행정사가 행정사 자격증을 보유하고 있을 것
④ 법인구성원 및 소속행정사가 대한행정사회에 가입했을 것
⑤ 행정안전부장관의 인가를 받고 설립등기를 했을 것

Ⅱ 신고확인증 발급

1. 발급시기

시장 등은 행정사업무신고를 받은 때에는 그 내용을 확인한 후 발급

2. 재발급 신청

신고확인증을 잃어버리거나 못쓰게 된 경우 시장 등에게 재발급 신청

Ⅲ 업무신고의 수리 거부

1. 수리 거부 사유와 통지

(1) **사유**

법인업무신고 기준을 갖추지 아니한 경우

(2) **통지**

지체 없이 법인업무신고의 수리 거부 사실 및 그 사유를 당사자에게 통지

2. 신고수리 간주

① 신고를 받은 날부터 3개월이 지날 때까지 행정사업무신고확인증 발급(×), 업무신고의 수리 거부 통지(×)
② 3개월이 되는 날의 다음 날 신고가 수리된 것으로 봄

3. 이의신청

(1) 기간
신고의 수리 거부 통지를 받은 날부터 3개월 이내

(2) 불복사유
불복(不服)의 이유를 밝혀 시장 등에게 이의신청

(3) 이의신청에 대한 처리
이의신청이 이유 있다고 인정하면 신고확인증을 발급

4. 벌칙

(1) 벌금
법인업무신고를 하지 아니하고 행정사 업무를 한 자는 1년 이하의 징역 또는 1천만 원 이하의 벌금에 처한다.

(2) 양벌규정
행정사법인의 사무직원이나 소속행정사가 행정사법인의 업무와 관련하여 이를 위반하면 그 행위자를 벌하는 외에 행정사법인에도 해당 조문의 벌금형을 과(科)한다. 다만, 행정사법인이 그 위반행위를 방지하기 위하여 해당 업무에 관하여 상당한 주의와 감독을 게을리하지 아니한 경우에는 그러하지 아니하다.

목차키워드 09 법인업무신고확인증

목차연결

Ⅰ. 신고확인증의 발급
1. 발급시기
2. 재발급 신청
Ⅱ. 신고확인증의 대여 등의 금지
1. 대여금지
2. 대여사용금지
3. 대여알선금지
4. 벌칙
   (1) 벌금
   (2) 양벌규정

Ⅰ 신고확인증의 발급

1. 발급시기

시장 등은 법인업무신고를 받은 때에는 그 내용을 확인한 후 신고확인증 발급

2. 재발급 신청

신고확인증을 잃어버리거나 못쓰게 된 경우 시장 등에게 재발급 신청

Ⅱ 신고확인증의 대여 등의 금지

1. 대여금지

행정사법인은 다른 사람에게 신고확인증을 대여하여서는 아니 된다.

2. 대여사용금지

누구든지 다른 사람의 신고확인증을 대여받아 사용하여서는 아니 된다.

3. 대여알선금지

누구든지 다른 사람에게 신고확인증을 대여하거나 다른 사람의 신고확인증을 대여받아 사용하는 것을 알선하여서는 아니 된다.

4. 벌칙

(1) 벌금

신고확인증을 다른 자에게 대여한 행정사, 행정사법인과 이를 대여받은 자 또는 대여를 알선한 자는 3년 이하의 징역 또는 3천만 원 이하의 벌금에 처한다.

(2) 양벌규정

행정사의 사무직원이 이를 위반하면 그 행위자를 벌하는 외에 그 행정사에도 해당 조문의 벌금형을 과(科)한다. 다만, 행정사가 그 위반행위를 방지하기 위하여 해당 업무에 관하여 상당한 주의와 감독을 게을리하지 아니한 경우에는 그러하지 아니하다.

목차키워드 10 행정사법인의 사무소

목차연결

Ⅰ. 주사무소와 분사무소
1. 설치
2. 법인구성원의 상근
Ⅱ. 사무소 이전
1. 사무소 이전 신고
2. 신고확인증 발급 및 통지
 (1) 신고확인증 발급
 (2) 이전 사실 통지
3. 신고 전 발생한 사유에 의한 행정처분
Ⅲ. 사무소의 명칭
1. 사무소의 명칭 표시
 (1) 행정사 사무소 표시
 (2) 분사무소 표시
2. 유사명칭 사용금지
 (1) 행정사가 아닌 사람
 (2) 행정사합동사무소가 아닌 경우
Ⅳ. 위반행위에 대한 제재 등
1. 업무정지
2. 벌칙
3. 과태료 부과

Ⅰ 주사무소와 분사무소

1. 설치

행정사법인은 법인구성원의 수를 넘지 아니하는 범위에서 주사무소와 분사무소를 설치

2. 법인구성원의 상근

주사무소와 분사무소에는 각각 1명 이상의 법인구성원이 상근

Ⅱ 사무소 이전

1. 사무소 이전 신고
사무소를 이전한 때 10일 이내에 이전 후의 사무소 소재지를 관할하는 시장 등에게 신고

2. 신고확인증 발급 및 통지

(1) **신고확인증 발급**
이전신고한 행정사에게 신고확인증 발급

(2) **이전 사실 통지**
종전의 사무소 소재지를 관할하는 시장 등에게 사무소의 이전 사실 통지

3. 신고 전 발생한 사유에 의한 행정처분
신고 전에 발생한 사유로 인한 행정처분은 신고를 받은 시장 등이 행함

Ⅲ 사무소의 명칭

1. 사무소의 명칭 표시

(1) **행정사 사무소 표시**
사무소의 명칭 중에 행정사법인이라는 글자를 사용

(2) **분사무소 표시**
분사무소에는 그 분사무소임을 표시

2. 유사명칭 사용금지

(1) **행정사가 아닌 사람**
행정사법인이 아닌 사람은 행정사법인 또는 이와 비슷한 명칭 사용금지

(2) **행정사합동사무소가 아닌 경우**
행정사합동사무소나 그 분사무소가 아니면 행정사합동사무소나 그 분사무소 또는 이와 비슷한 명칭 사용금지

Ⅳ 위반행위에 대한 제재 등

1. 업무정지

① 행정사법인이 법인구성원의 수를 넘어 주사무소와 분사무소를 설치하여 업무를 수행한 경우 6개월의 범위 내 업무정지
② 주사무소와 분사무소에 법인구성원이 상근하지 아니한 경우 6개월의 범위에서 업무의 정지
③ 그 사유가 발생한 날부터 3년이 지나면 업무정지 불가

2. 벌칙

업무정지처분을 받고 그 업무정지 기간에 행정사 업무를 한 자는 1년 이하의 징역 또는 1천만 원 이하의 벌금

3. 과태료 부과

① 행정사법인이 아니면서 행정사법인 또는 그 분사무소와 비슷한 명칭을 사용한 자에게는 500만 원 이하의 과태료
② 사무소 이전신고를 하지 아니한 자에게는 100만 원 이하의 과태료
③ 행정사 사무소, 행정사합동사무소 또는 행정사법인이라는 글자를 사용하지 아니하거나 그 분사무소임을 표시하지 아니한 자에게는 100만 원 이하의 과태료

11 행정사법인의 소속행정사

목차연결

Ⅰ. 소속행정사
1. 행정사 고용
2. 고용신고
3. 소속행정사와 법인구성원의 별도 사무소 설치 금지
4. 실무교육을 받은 소속행정사나 법인구성원
5. 소속행정사나 법인구성원의 보충
Ⅱ. 위반행위에 대한 제재

Ⅰ 소속행정사

1. 행정사 고용

행정사법인은 행정사를 고용할 수 있다.

2. 고용신고

행정사를 고용한 경우에는 주사무소 소재지의 시장 등에게 신고, 변경도 신고

3. 소속행정사와 법인구성원의 별도 사무소 설치 금지

소속행정사 및 법인구성원은 그 행정사법인의 사무소 외에 따로 사무소를 둘 수 없다.

4. 실무교육을 받은 소속행정사나 법인구성원

실무교육을 받지 아니한 사람을 소속행정사로 고용하거나 법인구성원으로 할 수 없다.

5. 소속행정사나 법인구성원의 보충

법인구성원에 관한 요건을 갖추지 못하게 된 경우에는 6개월 이내에 이를 보충

Ⅱ 위반행위에 대한 제재

① 소속행정사 및 법인구성원이 그 행정사법인의 사무소 외에 따로 사무소를 둔 경우 6개월의 범위에서 업무의 정지
② 업무정지처분은 그 사유가 발생한 날부터 3년이 지나면 할 수 없음
③ 업무정지처분을 받고 그 업무정지 기간에 행정사 업무를 한 자는 1년 이하의 징역 또는 1천만 원 이하의 벌금에 처함

12 행정사법인의 업무수행 방법 *2022년 제10회 기출*

목차연결

Ⅰ. 법인명의 업무수행
Ⅱ. 업무담당자
 1. 담당자 지정
 2. 담당자를 지정하지 않은 경우
 3. 담당행정사의 지위
Ⅲ. 업무관련 서면

Ⅰ 법인명의 업무수행

법인의 명의로 업무를 수행

Ⅱ 업무담당자

1. 담당자 지정

① 수임한 업무마다 그 업무를 담당할 법인구성원 또는 소속행정사를 지정
② 소속행정사를 담당행정사로 지정할 경우 법인구성원과 공동으로 지정

2. 담당자를 지정하지 않은 경우

법인구성원 모두를 담당행정사로 지정한 것으로 봄

3. 담당행정사의 지위

담당행정사는 지정된 업무에 관하여 그 법인을 대표

Ⅲ 업무관련 서면

행정사법인이 그 업무에 관하여 작성하는 서면(書面)에는 행정사법인의 명의를 표시하고 담당행정사가 기명날인

13 법인설립인가의 취소

2022년 제10회 기출

목차연결

Ⅰ. 의의
Ⅱ. 설립인가의 취소
 1. 취소권자
 2. 임의적 설립인가 취소
 3. 필수적 설립인가 취소
 4. 청문

Ⅰ 의의

행정사법인의 설립인가가 있은 후 법령상의 사유가 있는 경우 설립인가의 효력을 소멸시키는 행정처분

Ⅱ 설립인가의 취소

1. 취소권자

행정안전부장관

2. 임의적 설립인가 취소

① 법인구성원에 관한 요건을 6개월 이내에 보충하지 아니한 경우
② 업무정지처분을 받고 그 업무정지 기간 중에 업무를 수행한 경우
③ 법령을 위반하여 업무를 수행한 경우

3. 필수적 설립인가 취소

거짓이나 그 밖의 부정한 방법으로 설립인가를 받은 경우

4. 청문

청문을 해야 함

14 행정사법인의 경업금지

목차연결

Ⅰ. 경업금지
1. 자기 또는 제3자를 위한 업무금지
2. 다른 행정사법인의 소속금지
Ⅱ. 퇴직 후 업무수행제한
1. 퇴직 후 업무수행금지
2. 예외적 허용
Ⅲ. 벌칙

Ⅰ 경업금지

1. 자기 또는 제3자를 위한 업무금지

자기 또는 제3자를 위하여 그 행정사법인의 업무범위에 속하는 업무를 수행하여서는 아니 된다.

2. 다른 행정사법인의 소속금지

다른 행정사법인의 법인구성원 또는 소속행정사가 되어서는 아니 된다.

Ⅱ 퇴직 후 업무수행제한

1. 퇴직 후 업무수행금지

퇴직 전 행정사법인의 담당행정사로서 수행하고 있었거나 수행을 승낙한 업무는 퇴직 후 수행금지

2. 예외적 허용

퇴직 전 소속 행정사법인의 동의가 있는 경우 허용

Ⅲ 벌칙

① 경업의 금지를 위반하여 경업을 한 자는 100만 원 이하의 벌금에 처한다.
② 행정사법인의 사무직원이나 소속행정사가 행정사법인의 업무와 관련하여 이를 위반하면 그 행위자를 벌하는 외에 그 행정사법인에도 해당 조문의 벌금형을 과(科)한다. 다만, 행정사법인이 그 위반행위를 방지하기 위하여 해당 업무에 관하여 상당한 주의와 감독을 게을리하지 아니한 경우에는 그러하지 아니하다.

15 행정사법인의 손해배상책임 보장

목차연결

- I. 의의
- II. 필요한 조치
  1. 보장조치 기간
  2. 보장조치의 내용
  3. 보장조치의 금액
- III. 과태료

I 의의

행정사법인은 손해에 대한 배상책임을 보장하기 위하여 손해배상준비금 적립이나 보험가입 등 필요한 조치를 하여야 한다.

II 필요한 조치

1. 보장조치 기간

법인업무신고 후 15일 이내에 손해배상책임 보장조치

2. 보장조치의 내용

보험 가입이나 공탁기관에 현금 또는 국공채의 공탁 중에 하나

3. 보장조치의 금액

금액은 행정사법인의 법인구성원과 소속행정사의 수에 1천만 원을 곱하여 산출한 금액 이상 또는 행정사법인당 1억 원 이상

III 과태료

필요한 조치를 취하지 않은 경우 500만 원 이하의 과태료

목차키워드 16 행정사자격의 취소와 감독상 명령
2015년 제3회 기출

목차연결

I. 자격의 취소
1. 취소권자
2. 필요적 취소
3. 사유
4. 절차
II. 감독상 명령
1. 감독권자
2. 명령권
  (1) 명령사유
  (2) 명령내용
3. 명령위반
  (1) 업무정지
  (2) 과태료

I 자격의 취소

1. 취소권자

행정안전부장관

2. 필요적 취소

자격취소사유에 해당하는 경우 그 행정사자격을 취소하여야 한다.

3. 사유

① 거짓이나 그 밖의 부정한 방법으로 행정사 자격을 취득한 경우
② 신고확인증을 양도하거나 대여한 경우
③ 업무정지처분을 받고 그 업무정지 기간에 행정사 업무를 한 경우
④ 행정사법을 위반하여 징역형이 확정된 경우

4. 절차

청문을 하여야 한다.

II 감독상 명령

1. 감독권자

① 행정안전부장관
② 행정사의 사무소 소재지를 관할하는 시장 등
③ 행정사합동사무소 또는 행정사법인의 경우 주사무소를 관할하는 시장 등

2. 명령권

(1) 명령사유

감독을 위하여 필요하다고 인정하는 경우

(2) 명령내용

① 업무에 관한 사항을 보고하게 하거나 업무처리부 등 자료의 제출 또는 그 밖에 필요한 명령
② 소속 공무원으로 하여금 그 사무소에 출입하여 장부·서류 등을 검사하거나 질문

3. 명령위반

(1) 업무정지

① 보고 또는 업무처리부 자료 제출 등의 명령에 따르지 아니하거나 검사 또는 질문을 거부·방해 또는 기피한 경우 6개월의 범위 내에서 업무정지
② 업무정지처분은 그 사유가 발생한 날부터 3년이 지나면 할 수 없음

(2) 과태료

정당한 사유 없이 보고 또는 자료제출을 하지 아니하거나, 거짓으로 보고·자료제출을 하거나, 출입·검사를 방해·거부 또는 기피한 자에게는 500만 원 이하의 과태료 부과

업무정지사유와 업무정지처분의 효과승계 2014년 제2회 기출

목차연결

Ⅰ. 업무정지
1. 처분권자
2. 기간
3. 사유
4. 제척기간
Ⅱ. 효과의 승계
1. 지위승계
 (1) 폐업신고 후 업무재개
 (2) 승계인에 대한 영업정지처분
2. 처분의 효과
3. 업무정지기간

Ⅰ 업무정지

1. 처분권자

① 행정사의 사무소 소재지를 관할하는 시장 등
② 행정사합동사무소 또는 행정사법인의 경우 주사무소를 관할하는 시장 등

2. 기간

6개월 범위에서 기간을 정하여 명할 수 있음

3. 사유

① 두 개 이상의 사무실을 설치한 경우
② 행정사합동사무소를 구성하는 행정사 또는 법인구성원이 상근하지 아니한 경우
③ 휴업신고를 하지 아니한 경우
④ 위임인으로부터 보수 외에 금전 또는 재산상 이익이나 그 밖의 반대급부를 받은 경우
⑤ 소속행정사 및 법인구성원은 그 행정사법인의 사무소 외에 따로 사무소를 둔 경우
⑥ 보고 또는 업무처리부 자료 제출 등의 명령에 따르지 아니하거나 검사 또는 질문을 거부·방해 또는 기피한 경우

4. 제척기간

그 사유가 발생한 날부터 3년이 지나면 할 수 없음

Ⅱ 효과의 승계

1. 지위승계

(1) 폐업신고 후 업무재개

폐업신고 후 업무를 다시 시작하는 신고를 한 행정사(행정사법인)는 폐업신고 전 행정사(행정사법인)의 지위승계

(2) 승계인에 대한 영업정지처분

① 업무를 다시 시작하는 신고를 한 행정사에 대하여 폐업신고 전 행정사의 위반행위를 사유로 행정처분 가능
② 폐업신고를 한 날부터 업무를 다시 시작하는 신고를 한 날까지의 기간이 1년을 넘은 경우 불가

2. 처분의 효과

폐업신고 전의 행정사에 대한 영업정지처분의 효과는 그 처분일부터 1년간 업무를 다시 시작하는 신고를 한 행정사에게 승계

3. 업무정지기간

폐업한 기간과 폐업의 사유 등을 고려하여 업무정지의 기간을 정함

「행정사법」상 과태료

목차키워드 18 · 2016년 제4회 기출

목차연결
I. 과태료 부과권자
II. 과태료 부과 대상자
 1. 500만 원 이하의 과태료
 2. 100만 원 이하의 과태료

I 과태료 부과권자

행정안전부장관, 시·도지사 또는 시장 등

II 과태료 부과 대상자

1. 500만 원 이하의 과태료

① 행정사가 아니면서 행정사 또는 이와 비슷한 명칭을 사용한 자
② 행정사 사무소, 행정사합동사무소 또는 그 분사무소나 행정사법인 또는 그 분사무소와 비슷한 명칭을 사용한 자
③ 손해배상책임 보장 조치를 취하지 아니한 행정사법인
④ 정당한 사유 없이 보고 또는 자료제출을 하지 아니하거나, 거짓으로 보고·자료제출을 하거나, 출입·검사를 방해·거부 또는 기피한 자

2. 100만 원 이하의 과태료

① 사무소 이전신고를 하지 아니한 자
② 행정사 사무소, 행정사합동사무소 또는 행정사법인이라는 글자를 사용하지 아니하거나 그 분사무소임을 표시하지 아니한 자
③ 업무처리부를 작성하지 아니하거나 거짓으로 작성한 자
④ 연수교육을 받지 아니하고 행정사 업무를 수행한 사람

「행정사법」상 벌칙

목차연결
- I. 벌칙의 유형과 대상자
- II. 벌칙 부과 대상자
  1. 3년 이하의 징역 또는 3천만 원 이하의 벌금
  2. 1년 이하의 징역 또는 1천만 원 이하의 벌금
  3. 100만 원 이하의 벌금
- III. 양벌규정

I. 벌칙의 유형과 대상자

행정안전부장관, 시·도지사 또는 시장 등

II. 벌칙 부과 대상자

1. 3년 이하의 징역 또는 3천만 원 이하의 벌금

① 행정사가 아니면서 행정사업무를 업으로 한 자
② 신고확인증을 다른 자에게 대여한 행정사, 행정사법인과 이를 대여받은 자 또는 대여를 알선한 자

2. 1년 이하의 징역 또는 1천만 원 이하의 벌금

① 행정사업무신고 또는 법인업무신고를 하지 아니하고 행정사 업무를 한 자
② 공무원직에 있다가 퇴직한 행정사로서 수임제한 규정을 위반한 사람
③ 사적인 관계를 드러내며 영향력을 미칠 수 있는 것으로 선전한 자
④ 소비자를 오도하거나 오해를 불러일으킬 우려가 있는 내용의 광고행위를 한 자
⑤ 업무상 알게 된 사실을 다른 사람에게 누설한 자
⑥ 업무정지처분을 받고 그 업무정지 기간에 행정사 업무를 한 자

3. 100만 원 이하의 벌금

① 위임인으로부터 보수 외에 금전 또는 재산상 이익이나 그 밖의 반대급부를 받은 자
② 정당한 사유 없이 업무에 관한 위임을 거부한 자
③ 당사자 양쪽으로부터 같은 업무에 관한 위임을 받은 자
④ 타인의 소송이나 그 밖의 권리관계분쟁 또는 민원사무처리과정에 개입한 자
⑤ 알선을 업으로 하는 자를 이용하거나 그 밖의 부당한 방법으로 행정사 업무의 위임을 유치한 자
⑥ 경업금지의무를 위한하여 경업을 한 자

(Ⅲ) 양벌규정

행정사 또는 행정사법인의 사무직원이나 소속행정사가 행정사 또는 행정사법인의 업무와 관련하여 벌칙규정을 위반하면 그 행위자를 벌하는 외에 그 행정사 또는 행정사법인에도 해당 조문의 벌금형을 과(科)한다. 다만, 행정사 또는 행정사법인이 그 위반행위를 방지하기 위하여 해당 업무에 관하여 상당한 주의와 감독을 게을리하지 아니한 경우에는 그러하지 아니하다.

2024 박문각 행정사 2차
임병주 행정사실무법 실전단문 / 목차잡기 핵심요약집

초판인쇄 | 2024. 1. 15.　**초판발행** | 2024. 1. 22.　**편저자** | 임병주
발행인 | 박 용　**발행처** | (주)박문각출판　**등록** | 2015년 4월 29일 제2015-000104호
주소 | 06654 서울시 서초구 효령로 283 서경 B/D 4층　**팩스** | (02)584-2927
전화 | 교재 문의 (02)6466-7202

저자와의
협의하에
인지생략

이 책의 무단 전재 또는 복제 행위는 저작권법 제136조에 의거, 5년 이하의 징역 또는 5,000만 원 이하의 벌금에 처하거나 이를 병과할 수 있습니다.

정가 15,000원

ISBN 979-11-6987-718-3